CW00486852

La escuela nueva pública

La escuela nueva pública

LORENZO LUZURIAGA

Prólogo:
Claudio Lozano Seijas

Primera edición en esta colección: septiembre de 2002

Moreno 3362- 1209 Buenos Aires, Argentina, 1998
Viriato, 20 - 28010 Madrid, España
T +34 914 45 71 65
F +34 914 47 05 73
www.editoriallosada.com
Producido y distribuido por Editorial Losada, S.L.
Calleja de los Huevos, 1, 2° izda. - 33009 Oviedo

Depósito legal: M-38758-2002

ISBN 950-03-9246-1

Índice

Prólogo

La coherencia de un liberal honrado

En 1931 en la colección "La nueva educación" de la *Revista de Pedagogía*, en Madrid, se publicaba *La nueva escuela pública*, del profesor Lorenzo Luzuriaga Medina.

Era un librito de poco más de cien páginas, editado en un sello de mucho prestigio social y profesional, con distribución comercial media-alta gracias a sus numerosos suscriptores, que llegaba prácticamente a todas las escuelas del país porque los libros de la *Revista de Pedagogía* –casi desde su creación, en 1922– constituían un material imprescindible para la renovación y puesta al día de los profesores. Formaba parte de un catálogo de más de ochenta obras –en 1931– donde estaba codificándose lo mejor de la pedagogía contemporánea.

Mil novecientos treinta y uno fue un año decisivo en la historia de España, por la proclamación, el día catorce de abril, de la Segunda República. Entre las personas representativas del país se encontraba Luzuriaga, que por su preparación, su vocación, su compromiso público y su extraordinaria capacidad de trabajo era una referencia obligada siempre que se quería hablar de educación y pedagogía en aquella España. A su lado, a su mismo nivel, estaba una mujer inolvidable, su esposa, María Luisa Navarro de Luzuriaga, colaboradora, además, en los quehaceres de la *Revista de Pedagogía*.

La pedagogía gozaba de prestigio, eco y voz pública en aquella España atrasada pero, paradójicamente, con una elite intelectual de primera fila internacional. Y eran profesionales como Manuel Bartolomé Cossío, Américo Castro, Lorenzo Luzuriaga –para no citar a Ortega y Gasset o Unamuno– quienes le conferían ese prestigio: se creía en la educación, en su papel social para el futuro del pueblo y la nación españoles. Y los maestros y profesores, en medio de difíciles condiciones, como relató en el diario *El Sol* el periodista Luis Bello escribiendo *Viaje por las escuelas de España*, se afanaban en desasnar niños a lo largo y ancho de aquella "España negra" de la que hablarían y a la que pintarían intelectuales y artistas.

Y el aliento y la escritura de aquellos padres de la patria, intelectuales de prestigio, hablando, escribiendo, dictando cátedra sobre la pedagogía y el futuro de la educación, les prestaba impulso, organizaba una nueva mentalidad, casi un programa político, ideológico, sobre los males y los remedios, el futuro de la educación española, movilizaba a la gente, en suma, a la juventud.

Era, pues, a esa situación española –de antes y después del 14 de abril de 1931– a la que se dirigía Luzuriaga al escribir y publicar *La nueva escuela pública*. Con ello mostraba su coherencia, su conocimiento del talante y las necesidades del país y, sobre todo, revelaba una vez más su talante liberal, por malgastada que esté tal palabra.

En países latinos como España, los liberales de comienzos del siglo XIX orillaron el problema de la educación al trazar el porvenir de las naciones. Sin ni siquiera haber leído a Adam Smith –que se equivocaba bastante en este tema, como la historia confirmó– los liberales españoles de las Cortes de Cádiz redactaron una bellísima Constitución –del 19 de marzo de 1812, la "Pepa"– en la que dedicaban todo un Título a la Instrucción Pública. Pero fue un brindis al sol. Porque confiados –sin motivo alguno– en la naturaleza benéfica de la especie humana, en la lucha por la libertad y la razón, creyeron que la gente se buscaría la vida y que en esa búsqueda la educación, la enseñanza del pueblo, sería un norte. Creyeron más, abusivamente: confiaron en que el Estado no habría de intervenir en materia cultural y educativa y lo declararon agente subsidiario –si alguien no lo hace, entonces que lo haga el Estado– para crear escuelas y pagar a los maestros.

El pueblo español pagó esa factura: un país de iletrados, analfabetos, en permanente guerra civil, con una Iglesia católica gendarme de la ignorancia y del mantenimiento práctico de maneras inquisitoriales, eso es el perfil de la España decimonónica. En España apenas ha habido positivismo, secularización, libertad de prensa, imprenta y religión, etc... Y muy poco, casi nada, de escuela pública.

Por ello, Luzuriaga, al publicar su libro, tiene una memoria reciente y fresca de esa historia. Su biografía, conocer a Ortega, trabajar en el Museo Pedagógico, sus estudios acerca del analfabetismo en España, el haber publicado *Documentos para la historia escolar de España* (en 1916-17), su vinculación y amistad con educadores de la Institución Libre de Enseñanza en Madrid, le hacen un perfecto conocedor de las vicisitudes de la educación española y, sobre todo, anticipar aquello que Antonio Machado escribiría en su *Juan de Mairena*:

> En España la acción política de tendencia progresiva suele ser débil porque carece de originalidad; es puro mimetismo que no pasa de simple excitante de la reacción. Se diría que sólo el resorte reaccionario funciona en nuestra máquina social con alguna precisión y energía. Los políticos que pretenden gobernar hacia el porvenir deben tener en cuenta la reacción a fondo que sigue en España a todo avance de superficie. Nuestros políticos llamados de izquierda (...) rara vez calculan, cuando disparan sus fusiles de retórica futurista, el retroceso de las culatas, que suele ser, aunque parezca extraño, más violento que el tiro...

El compromiso de nuestro autor con lo público le había llevado, en 1918, a ser principal responsable del texto *Bases para un programa de Instrucción Pública*, adoptado por el Partido Socialista Obrero Español en su XI Congreso; a publicar en 1922 su libro *La escuela unificada*; en este mismo 1931 publicaría *La escuela única*. Es decir, Luzuriaga es un completo epígono de la tradición de la educación pública en Europa, desde Condorcet a las recientes reformas de Austria y Alemania de su época. Conoce –edita en su editorial a esos autores– la transformación histórica de lo *nacional* en *público* y de lo público en *estatal*. Vislumbra la necesidad de crear tejidos sociales educativos, el sentimiento de comunidad educativa; conoce la creación y discusión –desde el *Rapport* de Victor Cousin, pero sobre todo durante la III República Francesa, que tanta influencia ejerció sobre el republicanismo español– de la escuela republicana y laica en Francia. Y la enorme riqueza pedagógica y metodológica de los movimientos pedagógicos de renovación en Inglaterra e Italia.

Y es el abanderado del movimiento de la Escuela Nueva en España. De hecho su *Revista de Pedagogía* actuará como portavoz oficial de dicho movimiento en España. Estamos, por tanto, en el tránsito del modelo de escuelas nuevas, experimentales, renovadas y su trasvase a la esfera de las políticas de instrucción pública, esto es, en un nuevo capítulo de la historia que se inicia alrededor de 1870 y cambiará sustancialmente como consecuencia del desenlace de la primera guerra mundial, la guerra europea. La política educativa fascista, 1933 –el acceso de Hitler al poder– y 1936 serán cortes epistemológicos y políticos en un proceso discutido, apasionante y trágico para millones de personas.

Luzuriaga fue un ilustrado de corazón, verdadero, con las connotaciones que eso tiene en España. Eso le conducirá al exilio, amenazado de muerte. Pero antes de eso, ser ilustrado significa creer y trabajar por la libertad y el conocimiento. Y defender, de manera principal, que ese salto histórico se da, para la mayoría de la gente, para la generalidad de los ciudadanos, por medio de la escuela y la educación. Escolarización, secularización, alfabetización son tres pilares fundamentales del futuro de las sociedades libres.

La consideración de la escuela como un arma de futuro, como un instrumento de bienestar y progreso, es el cumplimiento de uno de los sueños de la razón ilustrada, el cumplimiento de la profecía que desde mediados del siglo XVI se extendió por Occidente y que tuvo en Vives, Erasmo o Comenio sus grandes defensores. La alusión a Comenio no es un detalle lírico, sino épico: recordemos cómo uno de los grandes espíritus del siglo XX, el creador y cineasta Roberto Rossellini, reivindicará su memoria en *Un espíritu libre no debe aprender como esclavo*.

Sin embargo, la idea de la escuela, como la de la paz o la de libertad, sólo se conquistan en extensos lapsos de memoria, de tiempo. Todavía muchos de nuestros abuelos eran analfabetos, no pertenecían al reino de la escuela, la instrucción escolar no entraba en sus vidas, no la necesitaban. Ese cambio de mentalidad se consagra, lentamente, a comienzos del siglo XX. La escuela se convierte en el lugar de socialización del niño obrero, con una legitimidad para exigir que eso sea así que le prestan las Internacionales obreras, las internacionales burguesas como el movimiento de la Escuela Nueva, las campañas higienistas, libertarias, la labor sostenida de ideólogos que luchan por la justicia, por el arreglo de "la cuestión social" –esto es, la lucha de clases– y la implantación de una nueva imagen de infancia.

El siglo XIX es el de la secularización, el cumplimiento del mandato ilustrado de que el hombre se atreviese a pensar de manera independiente, por sí mismo. El desarrollo histórico de ese cumplimiento ha revestido formas diversas: la persona nació a la nueva vida social como sujeto de derechos y deberes. La cristalización de época fue hablar de "ciudadanos". Más tarde, se decidió en qué consistía tal cosa. El problema ha sido que quien lo ha decidido ha tardado aquellos doscientos años en tener cara y manos de hombres y mujeres: el Estado liberal, la Iglesia –las iglesias–, diferentes grupos de reformadores, desde los ideólogos napoleónidas, los socialistas, el positivismo, demócratas orgánicos, librepensadores, obreros, partidos políticos..., han abierto surcos en esa andadura de autonomía personal y social, de clase. Auguste Comte, Marx, Bakunin, Bismárck, Romain Rolland... han sido algunos de esos mascarones de proa. El *Manifiesto Comunista*, el darwinismo, las Constituciones políticas el movimiento sindical..., algunas de sus expresiones y sus banderías.

En el ámbito de la educación y la escuela, la secularización no se ha logrado en Occidente: poner a los saberes y a sus agentes al abrigo de los poderes económicos, religiosos, políticos o civiles; crear la escuela para la libertad, no sólo para la sociedad y mucho menos para la sociedad de cada tiempo: se trataba de hacer realidad la idea de instrucción pública. Se ha difundido la ideología de la escuela pública obligatoria y gratuita y en ocasiones hasta se ha hecho realidad. Puede afirmarse que las sociedades modernas de Occidente tienden a ser plurales y laicas. Ésa es la madre del cordero: el adjetivo laica. Las legislaciones occidentales suelen proclamar y defender la libertad y pluralidad ideológica, pero en la mayor parte de los casos ese derecho se organiza de manera que cada creencia establezca su sistema escolar, eduque a sus fieles, les envíe a sus escuelas y *colleges*. Nada de ello tiene que ver con la reivindicación de laicidad, que consiste en proclamar, defender y exigir de los poderes arbitrales públicos que los niños del mismo grupo de edad se eduquen juntos, independientemente de su credo religioso, su sexo, su color de piel, su clase social o el clima ideológico de su entorno. Laicidad ha significado, a lo largo de los siglos XIX y XX, el cumplimiento del lema revolucionario: igualdad, fraternidad, libertad. Ha estado a punto de hacerse verdad en momentos puntuales, suspiros de la historia de la educación contemporánea, en países que vivieron épocas progresistas, por naciones jóvenes con el programa ilustrado por delante. Un velo musulmán, una sotana católica, una familia sionista, cualquier anécdota protagonizada por ejércitos de padres movilizados como guardianes del libro sagrado de la respectiva religión... –por citar el ejemplo de mayor peso, el religioso– han bastado para estropear la vida de los chiquillos. En eso estamos.

La educación contemporánea se refiere también al nacimiento y progresiva estructuración de sistemas educativos, finalmente nacionales, diversificados en discursos, agentes e instituciones. Cada vez que queramos identificar un modo de educación, una tradición educativa, se ha de interrogar a esa tríada: sujeto, discurso, instituciones. El sujeto se definió doctrinalmente, ampliamente: el hombre, la persona, retratada en la *Declaración de los derechos del hombre y del ciudadano*: se definió en términos sociales el sujeto pedagógico, lo que, sin duda, fue una conquista histórica. Faltaba –para que la justicia se cumpliera– ahormar lo pedagógico y lo social y, desde luego, ampliar lo político. El siglo XIX y casi todo el XX se nos han ido persiguiendo a esos fantasmas por el callejón del Gato. Lo que sucedió en el desarrollo capitalista contemporáneo fue que lo social se desnaturalizó y se convirtió en lo moral y moralizante, lo disciplinario; en la revisión y "encauzamiento" de las proclamas revolucionarias para hacer posible la acumulación, en la erección de un sistema de vigilancia y control, de castigo y coerción. Finalmente –y casi entrado el siglo XX–, en un universo simbólico de nuevos valores: la instrucción, el trabajo, el reglamento, el orden, el papel asignado a cada sexo o clase social... Lo pedagógico –lo educativo, lo revolucionario, lo radical– quedó fuera: al dictaminar que un ciudadano era una persona educada, instruida –y viceversa–, a los no educados se les negó la ciudadanía y la posibilidad clara y franca de acceder a ella mediante la instrucción, que se administraba según las clases, partiendo de las ya escolarizadas: la política y la economía dictaban esa ley.

Esa "necesidad" histórica dejó a la mayoría de los habitantes no sólo de Occidente a la espera de que la "pleamar de la historia" les hiciera arribar a la orilla de la modernidad. Pero la gente no se engañó:

la atención escolar se hizo creciente y compleja; los padres terminaron enviando a sus hijos a las escuelas, entonces sí –finales del XIX– abiertas para acogerlos. Se pedagogizó lo que hasta entonces era un discurso de clasificación y rendimiento económico: se crearon nuevas escuelas, se formó a maestros de un nuevo espíritu –el de las reivindicaciones sociales de la segunda revolución industrial–, se amplió aquel sujeto pedagógico abriéndolo a otras clases sociales; el Estado educador –la forma ilustrada del Estado democrático de derecho– instauró los *curricula* nacionales en medio de debates sobre la conveniencia o no de continuar cultivando formas generalistas de paideias, provenientes del último estertor de las antiguas artes liberales, o modernizar una educación no sólo entendida como reproducción sino como innovación y progreso: el binomio dinero-educación jugó ahí –hasta hoy, hasta que nos muramos– una explícita, nueva y descarnada función, y aquella disyunción *reproducción o progreso* nos la encontraremos convertida en conjunción, según épocas, países y ciclos culturales.

La historia de la alfabetización es un capítulo complicado y brillante de la historia de la cultura. Se cruza con la antropología, con la historia de las religiones, con los ciclos revolucionarios, con la vida cotidiana, con los procesos tecnológicos. Hoy sabemos que la imprenta, el automóvil, el teléfono, la televisión han tenido sin duda más importancia –es una barbaridad hablar así– que la invención de la cama o el lavaplatos, con ser estos últimos descubrimientos escalofriantes.

En ese sentido se dice que la historia de la alfabetización es una mutación antropológica: el paso de la cultura oral primaria –en la que se movía la mayoría de la humanidad y del Occidente a comienzos del XIX– al dominio y necesidad de la lectura; a la cultura de la escritura; al estadio del desarrollo combinado y simultáneo de los medios de comunicación; a la pasividad o actitud crítica ante el alud informativo de la civilización mediática..., ese recorrido es el de las revoluciones mentales en la historia de las civilizaciones humanas. Junto con el Neolítico, la historia del hombre.

Pero como si de una excrecencia del maniqueísmo religioso de época se tratara, se comenzaba a hablar de la carencia más que de la virtud: se marginaba al analfabeto más que apreciar los valores de la cultura campesina ágrafa o iletrada. Se consideró más culto a quien sabía indicar el camino a la ciudad que a quien ordeñaba sabiamente a una vaca; a quien sabe cruzar un paso de peatones que a quien distingue a lo lejos el maíz de la cebada. Probablemente esa estigmatización social correspondía a la "necesidad" de la distinción –de la diferencia– en vista al nuevo orden social de la división del trabajo en la sociedad capitalista. La lenta marcha hacia la sociedad industrial y de servicios, hacia los nuevos modos y medios de control de las poblaciones.

Pero hay ahí matices de la vida individual de las personas: por qué lee un hombre, una mujer; para qué escribir; el tipo de correspondencia entre el viejo teatro de masas como educador o forjador de muchedumbres y la literatura de cordel, las enciclopedias populares, la cultura del fascículo. Y un doble Rubicón: pasar de leer a escribir y de ahí al mando a distancia de la televisión, escolar o basura. Del analfabeto –del culto/inculto oral primario– al analfabeto oral secundario –pulsador de los botones de índices de audiencia–. Ésa es una historia de la modernidad educativa contemporánea casi tan apasionante –o más– que la de la escuela.

España era diferente. ¿Por qué hasta el año de 1900 no estuvimos tan alfabetizados como Inglaterra a mediados del siglo XVIII? ¿Cómo explicar que apenas en 1970 se alcanzaron las tasas de alfabetización de Alemania –Prusia– o Suecia a mediados del siglo XIX? Porque esos suecos no eran los socialdemócratas de Olof Palme sino los subdesarrollados nórdicos de *El festín de Babette* o *Pelle el Conquistador*.

Como es habitual, tentados estamos de echar mano del "zurrón de la decadencia" para explicar el futuro por las ausencias del pasado. España no ha tenido Reforma protestante, aquí se quemó a los modernos, Torquemada ha seguido redivivo en los ministros de Información y Turismo del general Franco, etc... España ha sido históricamente un Estado débil e inestable, construido sobre un pacto frágil de burguesías de salón, centrífugas y alicortas. El nacionalismo ha sido más retórico que sólido. Jamás ha existido una seria política de la lengua. Y el ferrocarril y el mercado interno casi nos pillan por sorpresa, más debido a la situación geopolítica que a un esfuerzo social continuado, a un proyecto de país o nación.

Poca gente ha tenido entre nosotros, en la mesilla de noche, un ejemplar de la Biblia. Ni de *Los tres mosqueteros*. Borrow ya contó algo de su peripecia entre los españoles. Incluso la Iglesia se despreocupó de hacer proselitismo mediante la lectura familiar de textos religiosos: su red escolar ha sido insuficiente y sin contrincante religioso: esa ausencia de competencia puede haber pesado lo suyo en una catolicidad castiza, de tazón de chocolate y picatostes. El Estado y la Iglesia nunca han confluido en la erección de un sistema de enseñanza elemental, hasta que la herencia del franquismo ha hecho inevitable la concesión, en las postrimerías del siglo XX.

Está por hacer un estudio de las muchas disposiciones que durante el siglo XIX tuvieron como finalidad incrementar el nivel de escolarización de los españoles. El estudio de los resultados efectivos de esas disposiciones. Sabemos que las Constituciones españolas jamás se cumplieron. La de 1812, por ejemplo, era una maravilla en cuanto a la estructura de la educación nacional. Su Título IX aún nos admira. Letra impresa: eso fue, porque quienes lo inspiraron, y sus enemigos, coincidieron en hacer mutis por el foro y declarar al Estado –suele afirmarse alegremente que el siglo XIX es el siglo del Estado– subsidiario en materia de enseñanza.

Pero la Iglesia también echó su cuarto a espadas: un decreto de 13 de noviembre de 1815 mandó crear escuelas gratuitas en los conventos y el obispo Romo elaboró en 1820 un plan para el establecimiento de escuelas de primeras letras en todas las feligresías, obstaculizado más tarde. La hipótesis habitual es que entre 1808-1840 se dio una gran crisis, que explica las altas tasas de analfabetismo en la España de mediados del XIX: las tres cuartas partes de la población permaneció sumida en el analfabetismo. Luego, un corto impulso entre 1840 y 1860, con el incremento de las escuelas de primeras letras, para entrar frenados en el siglo XX hasta el inicio de un nuevo ciclo alfabetizador mediados –casi finalizados– los años veinte. La mitad de la gente española constituía la España profunda, la que retrataron Zuloaga, Solana, Buñuel o Florián Rey. Mujeres y agricultores eran la carne de cañón de aquel país sumido en la ignorancia. Casi hasta hoy mismo, a finales de los años ochenta del siglo XX, no se han alcanzado cotas funcionales de alfabetización y siempre con el peligro del rebrote iletrado.

En 1935 las tasas de escolarización mostraban una España aparentemente inesperada: provincias como Santander, Segovia, Ávila, Soria o Salamanca eran la cabecera escolarizada del país. Eso no coincidía de ninguna manera con el poema de Machado:

> Castilla miserable, ayer dominadora,
> envuelta en sus harapos, desprecia cuanto ignora...

Pero ¿no era ésa la España profunda, etcétera? En realidad sabemos poquísimo de las relaciones entre escolarización y alfabetización. Hay una España del Noroeste, un cuadrante, que progresivamente va extendiéndose al Nordeste. Ésa es la "España protestante". Sólo que aquí, protestantes, pocos. Industrialización, regular: no vale hablar del

"Manchester castellano: Béjar", porque nos tendríamos que poner a la altura de la "teoría de la Mesta" para aludir a los procesos ideológicos, mentales, que deben incidir en que una zona española esté más alfabetizada que otra cuando "objetivamente" no hay nada que lo explique:

En 1846 –según Gil de Zárate en su *La instrucción pública en España*–, Soria, Santander y León tenían 8 habitantes por niño escolarizado; Álava, 9; Navarra, Burgos, Palencia, Zamora, Salamanca, Ávila y Segovia, 10. Prusia –mejor índice en el mundo– tenía seis.

En 1890, Madrid era la provincia más alfabetizada –con menos analfabetos; la seguían Burgos y Santander–. Siempre el cuadrante Noroeste, con la excepción –siempre– de Galicia.

Pero si se superponen los índices de escolarización, de analfabetismo, de escuelas privadas, de alumnos en escuelas por cada 100 habitantes..., los datos no coinciden necesariamente. Hay, al analizar detallada y minuciosamente series estadísticas con distintos indicadores, una falta de sintonía entre esas cifras, que nos lleva a no concluir salvo lo arriba apuntado. La alfabetización es un proceso distinto al de la escolarización, donde desempeñan –deben desempeñar– su papel otros factores ideológicos, mentales, sociales...

Decimos todo eso –un compendio de la educación moderna– porque *La nueva escuela pública*, la obra de Luzuriaga publicada en 1931, reúne, en su mismo título, la tradición educativa contemporánea, los problemas del futuro de la educación española y la propia biografía intelectual de Lorenzo Luzuriaga:

¿Qué fue lo *nuevo* en la educación occidental desde el Congreso de Viena, la Independencia de Hispanoamérica o la Segunda Revolución Industrial? Más escuelas, menos curas, más gente mayor letrada, como ha quedado dicho párrafos arriba. Más Estado, menos Iglesia, más ciencia y técnica. Más maestros-as, menos castigos físicos a los niños –en el trabajo y en la escuela– y una instrucción integral...

Podríamos seguir con más tríadas como ejemplo. Para los ilustrados de finales del XIX y los primeros treinta del siglo XX se trataba de pasar de un modelo pedagógico teológico-escolástico a una escuela liberal, civil, paidocéntrica, centrada en el trabajo.

Lo que históricamente ha sido llamado Movimiento de la Escuela Nueva fueron en su origen una serie de iniciativas particulares y bien intencionadas que, viendo la dificultad de influir en los poderes públicos: las oligarquías y burocracias estatales del fines del XIX, decidieron fundar establecimientos privados que funcionasen a la altura de los tiempos, con otra mentalidad. Dicho así, el así llamado "movimiento" es un *totum revolutum* donde caben desde san Antón a la Purísima Concepción: desde Tolstoi o Tagore a Decroly o María Montessori.

Aníbal Ponce lo tuvo más claro: en su *Educación y Lucha de Clases* habla de la Escuela Nueva como de una Internacional burguesa y clasifica a sus adeptos en ideólogos y metodólogos. No es lo mismo la señora Ellen Key que María Montessori. Y, desde luego, hay grandes diferencias entre Bovet, Claparède, Dottrens y la pedagogía alternativa de

Alemania, Francia, España. No es lo mismo Adolphe Ferrière que Celestin Freinet.

Y luego, específicamente, hay que añadir a esta entomología pedagógica la aportación del movimiento obrero, hasta su confluencia con las reivindicaciones por una nueva escuela pública –para el pueblo–, en los años treinta.

De modo que el adjetivo *nueva* significa todo eso. Específicamente, el movimiento de la Escuelas Nuevas se consolidó y codificó a partir de 1922 –año de la aparición de la *Revista de Pedagogía* en España, fundada y dirigida por Luzuriaga–, cuando se inicia un proceso que luego hemos visto repetido: ese modelo privado, de excelencia, "modélico", se ofrece como referencia a las políticas de instrucción pública. En cuanto se dé el cambio político progresista, lo mejor, lo más aprovechable y posibilista del modelo se adaptará a las reformas de la educación, en forma de nuevas leyes y reglamentos escolares.

Luzuriaga era un servidor público por vocación y convicción. Hijo de maestro, maestro, formado como maestro distinguido en una institución de élite, la Escuela de Estudios Superiores del Magisterio de Madrid, sirvió siempre a la educación desde puestos públicos, y en los años anteriores a la proclamación de la República como inspector de Enseñanza Primaria agregado al Museo Pedagógico Nacional, creado, a imitación de los franceses, para estimular, informar y reciclar a los educadores de toda España, especialmente a los maestros, que trabajaban en condiciones especialmente duras.

Escuela *nueva* significa para Luzuriaga, en 1931, *activa, única* y *pública*. Pero poco a poco, porque el Luzuriaga de los tiempos republicanos tiene varios trienios y una larga experiencia:

Abogar por la *escuela activa* significaba conquistar calidad en la enseñanza. La actividad es principalmente una metodología de trabajo en la escuela. Pero era también introducir en la enseñanza la ideología del trabajo, no sólo del aprender haciendo, o del juego en el quehacer escolar infantil. La actividad es una renovación que alcanza, también, a la organización de la escuela y de los educadores. No es una conexión directa con el concepto de *educación politécnica* o *educación y trabajo*. Se trata de una mediación pedagógica, que, sin echar agua al vino, opta por incorporar la vida, el mundo, la idea del trabajo a la enseñanza. De ahí la reivindicación, primero de Pestalozzi y luego de Herbart que, en el caso español, llevarán a cabo la Institución Libre de Enseñanza –aquella sociedad de estudios fundada en 1876 y que tanta influencia habría de tener en la pedagogía y la política educativa españolas hasta 1936– y el propio Luzuriaga, editando o traduciendo a esos autores por vez primera en España. Nótese la diferencia con la pedagogía anarquista, comunista o socialista. Es una elección liberalsocialdemócrata, si pudiera hablarse así, sin confusión, a la altura de aquellos tiempos.

La *escuela única* no tendrá nunca en Luzuriaga un carácter exclusivo o excluyente, como modelo único para todos. Sólo cuando nuestro pedagogo se convenza de la intransigencia de las clases dirigentes españolas hacia la educación de la mayoría insistirá, en artículos y conferencias, en el papel preeminente, casi exclusivo del Estado en la configuración de una escuela única pública. Pedagógicamente, Luzuriaga preferirá muy pronto la expresión *escuela unificada*, título de un libro suyo de 1922. En su *Diccionario de Pedagogía* –presentado en diciembre de 1959, el de su fallecimiento–, publicitado y distribuido en 1960, codificará lo que piensa:

> La escuela unificada constituye un movimiento que aspira a organizar las instituciones de educación de modo que todas ellas sean accesibles a todos los que posean las condiciones mentales necesarias, independientemente de su posición económica y social. En la actualidad existe una evidente dificultad para el acceso a la enseñanza media y superior de aquellos que no disponen de los medios económicos necesarios. Hay así una dualidad, "Dos Naciones" en un país, como decían Ficru y Disraeli: una que puede disfrutar de los beneficios de la cultura superior, y otra que queda limitada a la enseñanza elemental. La escuela unificada no es sin embargo la escuela única, como la han traducido algunos, ya que no supone exclusividad de una institución pública, como en los Estados totalitarios, sino la unidad de una diversidad, respetando las características de las diversas instituciones y grados de la enseñanza...,

en lo que insistirá al publicar, también en 1931, su obra *La escuela única*. Todas estas matizaciones, definitivas y tan importantes, serán materia de estudio y debate desde las páginas de la *Revista de Pedagogía*, en sus clases de la Facultad de Filosofía y Letras de la Universidad de Madrid, a partir de 1932-1933, en conferencias y foros de debate. La polémica Estado-Iglesia durante 1931-1933, especialmente, enconará estas posiciones, aunque Luzuriaga, como se ha dicho hace poco, seguirá discurriendo sobre esos matices, y otros actores de la política educativa republicana, como Marcelino Domingo –ministro de Instrucción Pública– o Rodolfo Llopis –director general de Enseñanza Primaria– dotarán de un sentido de clase a esa bandera y a esa reivindicación.

Escuela pública es la escuela estatal para todos, fundamentalmente, aunque, como hemos visto, el pedagogo vasco-manchego no era partidario en 1931 de una red única escolar, dando paso a la concurrencia, en la forma que veremos en las páginas finales de *La nueva escuela pública*. El Estado como mediador cultural, habilitado en problemas de cultura, inteligencia y educación. No puede haber en Luzuriaga, en aquellas fechas, la distinción y comprehensión que hacemos nosotros hoy, incluyendo en lo público lo estatal y la oferta de escuela privada sin afanes de lucro, si ello ha sido alguna vez posible. Lo nuestro son discusiones postmodernas. Lo de Luzuriaga era más urgente: llevar la modernidad, mediante la escuela, a toda la población. Para ello, e históricamente, el Estado habíase mostrado como el común denominador entre los ciudadanos: en España, cualquier hospital, cualquier Universidad, casi todas las escuelas las ha creado el Estado. La iniciativa privada sólo ha pensado en el negocio y sus ventajas, a lo largo de los dos últimos siglos. Luzuriaga lo sabía perfectamente: basta leer su recopilación de los *Documentos para la historia escolar de España*.

Luzuriaga presenta, así, al nivel de 1931 y en España, un balance y una propuesta, sobre la base de la historia de la pedagogía y de la educación contemporáneas. Sobre todo, una propuesta para aquel país con tan magra tradición pedagógica:

Resumir la andadura de la educación en la España contemporánea es fácil, puesto que nuestro país ha ocupado un lugar secundario en esa historia y la educación de la juventud ha tenido para nuestras clases dirigentes el valor del chocolate del loro. De modo que podemos desplegar en cascada datos, matices, interpretaciones. Esa España es la de Merimée, la de los viajeros que nos descubrían con ojos atónitos, aquel pueblo ancestral que se pasó el siglo XIX matándose en unas guerras del Antiguo Régimen y que terminó matándose de veras en una de las mayores carnicerías del siglo XX.

Un español egregio, que todavía sufre de la mala fama que sus paisanos cargan a quien se dedica a asuntos de índole intelectual, trataba de explicar esa historia el 13 de octubre de 1931, en las Cortes de la Segunda República. Decía Manuel Azaña:

> … Durante treinta y tantos años en España no hubo órdenes religiosas, cosa importante, porque, a mi entender, aquellos años de inexistencia de ense-

ñanza congregacionista prepararon la posibilidad de la revolución del 68 y la del 73. Pero han vuelto los frailes, las órdenes religiosas, se han encontrado con sus antiguos bienes en manos de otros poseedores, y la táctica ha sido bien clara: en vez de precipitarse sobre los bienes, se han precipitado sobre las conciencias de los dueños y haciéndose dueños de las conciencias tienen los bienes y a sus poseedores (...). Éste es el secreto, aun dicho en esta forma pintoresca, de la evolución de la clase media española en el siglo pasado: que habiendo comenzado una revolución liberal y parlamentaria, con sus pujos de radicalismo y de anticlericalismo, la misma clase social, quizá los nietos de aquellos colaboradores de Mendizábal y de los desamortizadores del año 36, esos mismos, después de esta operación que acabo de describir, son los que han traído a España la tiranía, la dictadura y el despotismo, y en toda esa evolución está comprendida la historia política de nuestro país en el siglo pasado...

Habiendo dicho:

... En ningún momento, bajo ninguna condición, en ningún tiempo, ni mi partido ni yo, en su nombre, suscribiremos una cláusula legislativa en virtud de la cual se siga entregando a las órdenes religiosas el servicio de la enseñanza. Eso, jamás. Yo lo siento mucho; pero ésta es la verdadera defensa de la República. La agitación más o menos clandestina de la Compañía de Jesús o de ésta o de la de más allí, podrá ser cierta, podrá ser grave, podrá en ocasiones ser risible, pero esta acción continua de las órdenes religiosas sobre las conciencias juveniles es cabalmente el secreto de la situación política por que España transcurre y que está en nuestra obligación de republicanos, y no de republicanos, de españoles, impedir a todo trance. A mí que no me vengan a decir que esto es contrario a la libertad, porque esto es una cuestión de salud pública. ¿Permitiríais vosotros, los que, a nombre de liberales, os oponéis a esta doctrina. Permitiríais vosotros que un catedrático en la universidad explicase la astronomía de Aristóteles y que dijese que el cielo se compone de varias esferas a las cuales están atornilladas las estrellas? ¿Permitiríais que se propagase en la cátedra de la universidad española la medicina del siglo XVI? No lo permitiríais; a pesar del derecho de enseñanza del catedrático y de su libertad de conciencia, no se permitiría. Pues yo digo que, en el orden de las ciencias morales y políticas, la obligación de las órdenes religiosas católicas, en virtud de su dogma, es enseñar todo lo que es contrario a los principios en que se funda el Estado moderno. Quien no tenga la experiencia de estas cosas, no puede hablar, y yo, que he comprobado en tantos y tantos compañeros de mi juventud que se encontraban en la robustez de su vida ante la tragedia de que se les derrumbaban los principios básicos de su cultura intelectual y moral, os he de decir que éste es un drama que yo con mi voto no consentiré que se reproduzca jamás...

La educación contemporánea nace en España doctrinalmente unida al Título IX de la Constitución de 1812, a la libertad de enseñanza, a la obligación y gratuidad de la Instrucción Pública, a la libertad de imprenta, a la secularización del Estado. Doctrina que continuaron impartiendo, omitiendo o no asegurando las Constituciones de 1837, 1845, 1856, 1869, 1876, y se tomó en serio la Constitución Española de diciembre de 1931.

España apenas incrementó su infraestructura educativa durante el siglo XIX. La subsidiariedad del Estado en materia educativa, el modelo de crecimiento con estancamiento, las dificultades del establecimiento del mercado interno y el desigual reparto de la acumulación, la inestabilidad política fueron otros tantos factores en ese desangelado proceso, propio de un país rural, sin clases medias, con problemas de transportes y comunicaciones. Un país de gente sin escuela, estadísticamente hablando.

El Reglamento General de Instrucción Pública de 1821, la Ley Provisional de Instrucción Primaria de 1838, la Ley Pidal de 1845 y la Ley Moyano, de 1857, son las anécdotas y el compendio de posibilidades y limitaciones de la política liberal en materia de educación para los españoles. Si es verdad que toda política educativa es en algún momento la plasmación de actuaciones de colonialismo interior, la España de mediados del siglo XIX estaba llena de indios con plumas. La Iglesia –con el hisopo del Concordato de 1851– era el gendarme.

En 1868 más del 75% de los españoles era analfabeto, las tasas de escolarización rondaban el 45%, sobre una realidad fielmente retratada por los caricaturistas de la época. El Sexenio Revolucionario (1868-1874) fue una gran ocasión perdida. Son los años en que fragua una tradición humanista popular que tratará de oponerse al diseño de la dominación consagrado durante la Restauración, casi hasta 1931.

Con Estado o sin él, la gente se educaba. Las clases populares permanecían alejadas de la escuela, de dudoso valor para ellas. Se vivían otras formas de socialización que poco tenían que ver ni con la escuela-escolarización, ni con el libro y la cultura escrita. Poco a poco, entre la irrupción de la Internacional en España y la represión de la Semana Trágica, el proletariado comenzará a asumir planteamientos positivos en torno a la escolarización, irá creando su propio sistema educativo y exigirá al Estado una mayor cobertura.

La aceptación de la escuela por los obreros supuso una necesidad histórica y un proceso de dominación por parte de la burguesía, que había creado la ciencia de su tiempo. La encuesta de 1883 sobre las condiciones de vida de la clase obrera es el memorial social que la burguesía liberal presenta a otras fuerzas políticas como evidencia de la necesidad de cambios en la política social. Los cinco volúmenes del informe de la Comisión de Reformas Sociales, aparecidos entre 1889 y 1893, hacían pública la situación moral de la clase obrera, los niveles de alfabetización, solicitando al proletariado propuestas que mejoren su condición económica y social. La escuela obligatoria se convertirá, al menos en el debate ideológico, en el espacio de civilización del niño obrero. Quien no vaya a la escuela o no rinda en ella, será perseguido o considerado antisocial. De este modo, la política de extensión de la escolarización, que es históricamente un progreso, se convertirá en el medio de nuevas políticas de control.

Aquella escuela era, pese al entusiasmo de los maestros públicos, enviados de la Ilustración, antediluviana: la geografía de la escuela unitaria, apartada de la civilización, sin medios, en lóbregos locales fue magistralmente descrita por el periodista y educador Luis Bello en su *Viaje por las escuelas de España*, a partir de 1926.

La Segunda República, desde 1931, se encontró con un país de agricultores analfabetos en una estructura de la propiedad y de explotación onerosísimas para el desarrollo de la nación. El Estado no estaba desarrollado: hacer un poco de Revolución Francesa, de economía dirigida y de estatismo fue el intento de los dirigentes republicanos. Se trataba de implantar en España la democracia política y la económico–social. La educación, un amplio programa de escolarización y de reformas del sistema educativo, sería el banderín de enganche de la República. Movilizar a la juventud, entusiasmar a los maestros, crear escuelas, ampliar los canales de la cultura popular y de masas, cambiar el bachillerato y elevar el nivel de la universidad eran tareas de política social en la que parecía lógico que todos los españoles estuviesen de acuerdo. No hubo una ruptura de las estructuras económicas y políticas del sistema de la Restauración, la Constitución de 1931 no se consensuó y la oposición conservadora hizo imposible primero la vida de la República y luego la paz.

Sobre el esqueleto de la Ley Moyano trabajaron los ministros de Instrucción Pública, especialmente Marcelino Domingo y Fernando de los Ríos. Se necesitaban 27.000 aulas. Se construyeron alrededor de 12.000. A partir de 1931 el Plan Profesional regiría los estudios de las Escuelas Normales. Hasta 1934 no se modificó el Bachillerato, al que siguió accediendo, pese a los esfuerzos de la República, sólo el 3% de los alumnos de Primaria. La tasa de escolarización básica rondó el 50%, que no sería superada hasta muchos años más tarde.

Ésa es la coyuntura de publicación de *La nueva escuela pública*: el libro era un compendio de la andadura personal de Luzuriaga en pos de una mejor educación para el pueblo español: a unas consideraciones sobre la Escuela Nueva y la escuela activa, sigue un amplio apartado metodológico y la ilustración de las reformas escolares en Alemania, Austria, Francia e Italia, polos de las reformas educativas europeas de la época, por motivos diferentes. La obra finaliza con unas *Ideas para una reforma constitucional de la educación pública*, que dan cabal idea de la moderada y pacífica aspiración de los republicanos españoles:

1. La educación, como función eminentemente pública, corresponde realizarla y garantizarla al Estado.

2. La sociedad ha de comprometerse en la educación sin intervenir en la vida interna de las instituciones educativas.

3. Al educando no se le deben imponer las normas o fines concretos de un partido, una clase, una profesión o una iglesia determinados: educación laica.

4. La enseñanza privada sólo tiene razón de ser como medio de investigación y experimentación pedagógicas. En defensa de los derechos del niño, los centros educativos no podrán ser fundados o inspirados por partidos políticos o instituciones catequistas.

5. La educación pública ha de tener en cuenta sólo las capacidades y aptitudes del ser a educar.

La Constitución republicana de 9 de diciembre de 1931 legisló:

> El servicio de la cultura es atribución esencial del Estado, y lo prestará mediante instituciones educativas enlazadas por el sistema de la escuela unificada.
>
> La enseñanza primaria será gratuita y obligatoria.
>
> Los maestros, profesores y catedráticos de la enseñanza oficial son funcionarios públicos. La libertad de cátedra queda reconocida y garantizada.
>
> La República legislará en el sentido de facilitar a los españoles económicamente necesitados el acceso a todos los grados de enseñanza, a fin de que no se hallen condicionados más que por la aptitud y la vocación.

> La enseñanza será laica, hará del trabajo el eje de su actividad metodógica y se inspirará en ideales de solidaridad humana.
>
> Se reconoce a las Iglesias el derecho, sujeto a la inspección del Estado, de enseñar sus respectivas doctrinas en sus propios establecimientos.

La República no hizo desaparecer –no tuvo poder para hacerlo– el embudo escolar liberal. Fue una experiencia de aceleración y exploración de alternativas educativas, un capítulo en un ciclo largo de alfabetización. Pero fue un proceso moral, ideológico, que suscitó una socialización política que movilizó a millones de seres y les hizo luchar por la justicia. Acuñó una cultura y un mensaje, el del humanismo de izquierdas, de que se nutrirá el exilio y el antifranquismo, vivo aún en España, directamente entroncado con las Misiones Pedagógicas, el teatro "La Barraca", la Olimpiada Popular de 1936 y las acciones llevadas a cabo durante la guerra civil: el Bachillerato Obrero, la atención a la infancia evacuada de las zonas de guerra, las Brigadas Volantes Contra el Analfabetismo y el diseño de una alternativa al sistema escolar capitalista: el Consejo de la Escuela Nueva Unificada, en Cataluña...

Luzuriaga –después de su exilio en Inglaterra y Escocia desde 1936– vivió en la Argentina desde 1939 hasta su muerte, en 1959, con estancias en Venezuela en 1954, 1955 y 1956, y viajes a Europa durante 1949, 1951, 1952-1953 –España incluida– y 1957 a España, a vender su casa de El Viso, viaje acerca del cual escribió jugosas líneas.

Desempeñó cátedras en las Universidades de Tucumán y Buenos Aires, dirigió colecciones y empresas editoriales en Losada, viajó a Chile a invitación de Amanda Labarca, escribió sostenidamente en el diario *La Nación*, reeditó su *Revista de Pedagogía* –seis números–, publicó 13 libros y numerosas traducciones, entre ellas la de *Democracia y educación*, de John Dewey, además de reeditar el catálogo de las publicaciones de la *Revista de Pedagogía*, cuyos derechos le pertenecían. Son veinte años maravillosamente aprovechados: tuvo tiempo para todo: para recuperar a su hijo Jorge, prisionero en España, para ser feliz con su inolvidable mujer, María Luisa Navarro de Luzuriaga, para ver a su hija Isabel convertida en una conocida profesional en la Argentina, para llevar a cabo una empresa cultural muy interesante, aunque de corta vida, la revista *Realidad* –18 números–, con la inestimable ayuda de su hijo Jorge, profesional alejado del campo de la pedagogía. Participó activamente en los comités pro-aliados durante los años de la segunda guerra mundial, se relacionó con los núcleos de educadores republicanos exiliados en la Argentina, festejó por todo lo alto con la colonia española la liberación de París: su vida y su obra fueron y son un acontecimiento. Y sus amigos y discípulos jamás la olvidarán: aún hoy retienen una memoria prodigiosa acerca de su relación con él y de las cosas de "Don Lorenzo".

Debió de ser Luzuriaga una personalidad excepcional: por su capacidad de trabajo, por sus curiosidades intelectuales, por su concepto de la amistad: fue una de las pocas personas que, pese a todo, alentó a Ortega cuando decidió volver a España. También lo fue en su relación –muy española, de los españoles europeístas de su tiempo– con América. Luzuriaga descubrió América pero no se comprometió con ella, gesto muy español, sobre todo de los españoles escaldados de la política y con el exilio a cuestas. Eso ha hecho que a veces el eco de su obra se haya perdido o se vaya perdiendo entre las jóvenes generaciones latinoamericanas.

La Argentina de sus años no era el mejor sitio para tamaño descubrimiento: por los militares, por el peronismo –pese a la verborrea oficial–, por el europeísmo cultural de los porteños. El vasco-manchego había publicado estudios acerca de la situación de la educación en las repúblicas hispanoamericanas, había visitado América en 1928, cuando conoció al editor Losada, pero su descubrimiento se produjo en el Norte argentino, en Tucumán y en Caracas: allí escribió acerca de la enseñanza primaria y secundaria argentina comparada con la de otros países; en Venezuela publicó *Origen de las ideas educativas de Bolívar y Simón Rodríguez*. Para él América era el territorio donde había que desarrollar la pedagogía moderna y a eso se dedicó. Y la pedagogía moderna era la pedagogía moderna: la Escuela Nueva, hispanoamericanos incluidos. De ahí, no obstante, que haya que anotar y analizar detenidamente observaciones y juicios acerca de su vida y su obra en América:

> Luzuriaga (...) mostró un menosprecio por la política y cierta propensión hacia actitudes conser-

> vadoras(...). Ello podría emparentarse con una tónica similar que adoptó uno de sus principales maestros, Ortega y Gasset, así como buena parte de la tradición krausista, aficionada por el neutralismo y el abstencionismo que dieron lugar a las propuestas conciliatorias de lo que se ha denominado como Tercera España.

Hay verdad –no toda: por los matices, tan importantes– en esas palabras de mi querido amigo el Dr. Hugo Biagini, de las Universidades de Belgrano y La Plata. Luzuriaga fue un auténtico liberal, de los pocos que ha habido nunca en España. Con un sentido especial del compromiso: el trabajo –mucho trabajo– y lo público, la educación pública, su defensa y su petición, su trabajo constante por más escuelas públicas.

Exiliado –no un liberal apoltronado, de los que se quedaron a esperar la entrada de Franco en Madrid, a ver cómo iban a ser las cosas–; amenazado de muerte; decepcionado de la política y de los intelectuales españoles:

> ... La verdad es que si hay una cosa cierta ahora es el fracaso absoluto de los intelectuales. No son morales, como lo sería D. Francisco o el Sr. Cossío. Si estos hubieran vivido habría sido otra cosa. Pero no hay nadie de la talla de aquéllos, que quiera situarse por encima de las pasiones y adoptar una actitud humana y española completa, total, viendo en los dos bandos españoles que mueren y sufren, mientras ellos están tan tranquilos en sus casas.

> Por otra parte, la destrucción sistemática de España tampoco parece que los conmueve demasiado. En suma, saqué una impresión pesimista respecto al presente y al porvenir, y creo que los intelectuales se han acabado para mucho tiempo en España, sea quien fuere el que triunfe. Se salvarán, si es caso, algunas personalidades, pocas, aisladas; pero el conjunto está definitivamente deshecho...,

escribe a Américo Castro, desde Glasgow, en el exilio, el 9 de julio de 1937, después de haber asistido en París y Londres a reuniones para mediar en la guerra de España. Y en otra ocasión dejará dicho definitivamente, también a Castro, en una carta desde Buenos Aires, el 5 de marzo de 1945: "*...el problema de España sigue siendo de educación y no de política...*"

En términos pedagógicos y también políticos –su militancia democrática fue tan clara y diáfana como lo fue siempre su anglofilia–, publica, más que reedita, en Argentina, en Losada, en 1946, *La escuela nueva pública*, con el trauma del derrumbe de los ideales republicanos, la tragedia de la Gran Guerra y la esperanza en el futuro. Nótese la cronología: en 1945 Luzuriaga publica *Reforma de la Educación* –en la misma colección "Cristal del Tiempo", donde Losada había publicado en 1939 *La Velada en Benicarló*, de Manuel Azaña–; en 1946 saldrá a la luz esta obra señalada (que Luzuriaga quería publicar ya desde 1943, cuando envía al editor las primeras pruebas, con el nuevo título, por lo que se vio más tarde provisional, de *La escuela pú-*

blica renovada) y en 1947 Roberto Rossellini filma *Germania Anno Zero*. Tres retratos, tres testimonios de la fe en el futuro de la democracia, en el momento del inicio de la reconstrucción de la postguerra –menos en España– y de las políticas del Estado Social y de Derecho keynesianas.

¿Por qué leer a Luzuriaga ahora y por qué precisamente *La escuela nueva pública*? En primer lugar, para aprender, para saber, para conocer nuestro camino. Para deshacer el nudo del olvido, de la desmemoria con la que se ha recuperado la democracia en España y América Latina. Es triste reconocer que a un estudiante de hoy, en Buenos Aires o en Madrid, apenas le sonará el nombre de Luzuriaga. Pero es también su responsabilidad: cualquiera que pasee por Corrientes o la Cuesta de Moyano se tropezará con nuestro hombre. Sus obras ayudaron –en España– a que la barbarie no lo enseñorease todo. Hubo que esperar a los años sesenta y setenta para que sus obras, tantos años después, fuesen imprescindibles. Gracias a Losada se pudo conocer la literatura y el pensamiento modernos, Luzuriaga incluido.

Hoy nos encontramos, desde el punto de vista intelectual, en una situación de cerco y olvido: se han venido destruyendo metódicamente los sistemas de instrucción pública, que tanto costó erigir y a cuya crítica y formulación en una época crucial del siglo XX ayudaron intelectuales como Luzuriaga; de una cultura basada en viejos ideales de formación se ha pasado a una educación performativa, banal y de mercado. Tanto neoliberalismo y tanta globalización, tanta democracia auscultativa y espectacular han roto con los viejos ideales ilustrados.

La construcción de una cultura democrática nueva; la resignificación del concepto de ciudadanía –y especialmente de ciudadanía cultural–; la necesidad de formular claramente y analizar críticamente el proceso que ha llevado a la escisión entre lo público y lo privado en los términos actuales de descrédito de lo público; la obligación de repensar las relaciones entre Estado y educación; las luchas orientadas a la democratización de la educación como espacio público heterogéneo y a la democratización del Estado como instancia pública..., son todas ellas tareas para una resignificación sin nostalgias de la educación como cuestión pública, como ha dicho la investigadora latinoamericana Magaldy Téllez. Para todo eso nos siguen sirviendo –y mucho– la actitud y la aportación de Lorenzo Luzuriaga en obras como la que aquí se presenta.

Cuarenta años después, a Luzuriaga no se le ha recuperado en España, pese a haberse cumplido en 1989 los aniversarios de su nacimiento y muerte: su obra, especialmente los clásicos de la pedagogía del siglo XX, su *Pedagogía social y política*, la *Historia de la educación pública*, su memorable y útil *Antología pedagógica*, la inencontrable *Reforma de la educación*, su *Diccionario de Pedagogía*..., aguardan a un estudio sistemático definitivo.

Y en la Argentina, en la América latina muy pocos se acuerdan ya de las fechas. Cuando se aplican mimética y poco razonadamente reformas educativas aquí y allá, conviene leer a los clásicos, que para eso lo son. Luzuriaga, sin duda, es el pedagogo español más importante de la época contemporánea. Leer a los clásicos es volver al origen de los problemas, a las tradiciones, a la propia historia educativa, a los jóvenes:

Aquel diciembre de 1959, cuando la muerte de Luzuriaga, hablaron en su honor el inolvidable Gonzalo Losada, ejemplo de empresario y mentor cultural. También habló Juan Mantovani, por la Facultad de Filosofía y Letras de la Universidad Nacional de Buenos Aires. Y Fermín Estrella. Y el importantísimo Luis Jiménez de Asúa. En nombre de los jóvenes lo hizo Gilda Romero Brest, del Centro de Estudios Pedagógicos Argentinos.

Su trabajo y sus palabras aún nos persiguen. Como persisten en nosotros la determinación y el ejemplo de Lorenzo Luzuriaga:

> ... Nosotros no somos exiliados. Exiliados son los que han quedado allí, sin libertad y sin posibilidades de tenerla por toda una generación...

Al reeditar hoy *La escuela nueva pública* la Editorial Losada cierra el círculo y hace posible a los jóvenes reencontrarse con su pasado y el debate abierto, público, sobre el porvenir. El ayer es hoy.

CLAUDIO LOZANO SEIJAS

I
La escuela nueva pública

1. La reforma de la escuela pública

La reforma de la educación pública de un país puede hacerse por dos vías esenciales: una, de carácter general, que consiste en organizar por leyes y reglamentos todos los establecimientos docentes de la nación: otra, más concreta y particular, que se limita a crear instituciones aisladas ejemplares, sólo allí donde existen condiciones favorables para ello.

En el fondo, este problema no es más que un caso particular de la clásica oposición existente entre el racionalismo generalizador y abstracto, que, en nuestro caso, podríamos representar hoy por la instrucción pública francesa, y el empirismo historicista y localista, cuya más alta expresión se encuentra en la actual educación inglesa, si bien hay que advertir que en ambos países se hallan en crisis los respectivos tipos de organización escolar.

Ahora bien, prescindiendo de toda encarnación o representación nacional, ¿cuál de los dos tipos antes indicados es el más acertado? El procedimiento generalizador, legislativo, tiene la enorme ventaja de su mayor rapidez y de su más amplio radio de acción. Cuando se trata de un país que necesita crear millares de escuelas para poder atender a toda su población infantil, el camino legislativo parece ser el más corto y eficaz. Si se quisiera seguir el otro, es decir, esperar a que se crearan esas escuelas espontáneamente, por la acción difusa del medio social, se correría el riesgo de que ello no se hiciera nunca o que se hiciera muy tardíamente.

En cambio el procedimiento generalizador, legislativo tiene la gran desventaja de llegar a ser ineficaz y hasta perturbador, cuando no se aplica con tino. En España, por ejemplo, existía desde 1901 la obligación escolar de los seis a los doce años. Esta obligación escolar no se ha cumplido nunca totalmente, sobre todo en los pueblos rurales, donde los niños suelen dejar de asistir a la escuela a los diez años o antes. Pues bien, en 1923, sin tener en cuenta esta situación de esos pueblos, se amplió la edad escolar cinco años más, fijándola de los tres a los catorce, con lo que no sólo no se facilitó el cumplimiento de la obligación escolar, sino que se la hizo punto menos que imposible. Las colecciones legislativas de España y de otros países están llenas de disposiciones y ligerezas de esta clase.

El procedimiento concreto, empírico, circunstancial tiene, a su vez, ventajas evidentes. Cuando se quiere introducir una *innovación pedagógica* o realizar una reforma didáctica, el medio más eficaz es aplicarlas en una o varias instituciones educativas o crearlas con dicho fin. Para ello, es claro, se necesitan condiciones especiales: personal preparado, medio social bien dispuesto, recursos suficientes, etc. Esas condiciones se dieron por ejemplo al crearse en Madrid la Residencia de Estudiantes o el

Instituto Escuela de Segunda Enseñanza. En cambio no han existido al crearse otras instituciones que murieron al poco o llevaron una vida lánguida o mecanizada. Aún más grave es el peligro que se corre al querer introducir reformas pedagógicas con carácter general, legislativo, sin contar con las condiciones necesarias de personal y medios intelectuales y sociales. Recuérdese por ejemplo las sucesivas e ineficaces reformas de los colegios de segunda enseñanza y de las escuelas normales en España y en la Argentina.

Lo que acabamos de decir indica ya la posible solución del antagonismo entre los dos criterios extremos antes señalados. Hay problemas en la educación pública de un país que deben ser resueltos preferentemente por la vía legislativa. Estos problemas son los que se refieren principalmente al aspecto administrativo y económico de la enseñanza como la creación de escuelas y otros establecimientos docentes, la remuneración del magisterio y el profesorado, los estatutos profesionales, etc. Claro es que aun estos mismos problemas requieren también para su buen éxito ciertas condiciones técnicas y pedagógicas que no pueden improvisarse fácilmente. Pero en general, dependen más de la Administración que los problemas pedagógicos. En cambio, las cuestiones más íntimas de la instrucción pública, las que afectan intrínsecamente a la educación, a la vida espiritual de las instituciones docentes, deben ser resueltas parcialmente, aisladamente, en uno o varios establecimientos que reúnan las condiciones necesarias para ello.

Pero aún cabría reducir más la dualidad antes expresada. Una vez, por ejemplo, que los objetivos y métodos ensayados en una o varias escuelas alcanzaran todo su desarrollo, deberían ser generalizados a otras del mismo tipo, bien sea por la vía legislativa, bien por el medio que podríamos llamar de la contaminación, es decir, por el ejemplo y la sugestión, con visitas y permanencias de otros profesores en esas escuelas innovadoras, que después llevarían su espíritu y sus métodos a las suyas. Así se tendría una síntesis del procedimiento generalizador y del empirista, que haría a la vez más rápido y más eficaz el resultado que se persigue.

Pues bien, éste es el sentido que tienen para nosotros las que llamamos "escuelas nuevas públicas": el de ser centros de ensayo y de experimentación en los que se prueben los objetivos y los métodos que después se han de generalizar, bien por la legislación o por la contaminación, a las demás escuelas públicas del país.

¿Qué es, pues, una escuela pública? Antes de tratar de contestar a esta pregunta, hemos de recordar rápidamente el significado histórico de la "escuela pública" actual, sin apelativos de ningún género, y lo que representan las llamadas "escuelas nuevas".

La escuela pública actual es, como se sabe, en lo esencial, una creación del siglo XVIII, aunque su plena realización no se ha logrado hasta el siglo XIX.[1] Prescindiendo de otros antecedentes históricos aquélla tiene sus raíces, de un lado, en lo que se ha

1 Véase L. Luzuriaga, *Historia de la educación pública*, Losada, Buenos Aires, 1946.

llamado la "época de las luces" y del "despotismo ilustrado", representado, para nuestros fines, sobre todo por los reyes de Prusia y especialmente por Federico el Grande. De otro lado, tiene su arranque en la Revolución Francesa y en la pedagogía revolucionaria, cuyo más alto representante es Condorcet. De él procede, en efecto, el plan más cabal de escuela pública, aunque no pudiera llegar a realizarse sino muchos años más tarde. Condorcet asienta las bases políticas de la escuela pública, pero ésta no recibió su fundamentación pedagógica hasta Pestalozzi, que la encuadró en su concepción social de la educación.

La plena realización de la escuela pública sólo se logra, sin embargo, como se ha dicho, en el siglo XIX, cuando el Estado de clases del siglo anterior se convierte en un Estado democrático y nacional. El Estado se encuentra entonces ante la necesidad de educar a sus futuros ciudadanos, a los que han de gobernar la vida nacional, y realiza el gigantesco esfuerzo de crear millares y millares de escuelas, donde aquéllos pudieran recibir la educación necesaria. Inglaterra, Alemania, Francia, Argentina redactan sus grandes leyes escolares entre 1870 y 1885. Caracteres comunes a todas ellas son la obligatoriedad y la gratuidad, a las que algunas añaden el laicismo. El objetivo de estas escuelas era fundamentalmente instructivo, intelectual: la posesión de los instrumentos de la lectura, la escritura y el cálculo. A fines del siglo se añade la "educación cívica" y la "educación moral", pero aun estas mismas tenían un carácter marcadamente intelectual.

Por otra parte, la escuela pública había llegado a ser una institución del Estado, es cierto; pero en Europa estaba destinada principalmente a las clases socialmente inferiores, a lo que se ha llamado un poco despectivamente "el pueblo". Las clases sociales superiores no enviaban sus hijos a la escuela pública. Con ello, ésta no llegaba a ser realmente la escuela "nacional", que pretendían sus fundadores, la escuela para todas las clases sociales de la nación, sino sólo fue la escuela "popular", para las clases económicamente inferiores.

A fines del siglo XIX comienzan a llegar a la educación las influencias de ciertos pensadores vitalistas, neorrománticos y activistas, como Nietzsche, Tolstoy, Ruskin, Ellen Key, etc., que estaban en plena oposición con el intelectualismo y el positivismo de Herbart, Compte y Spencer, inspiradores hasta entonces de la educación alemana, francesa e inglesa respectivamente. Y a partir de aquella época empiezan a crearse algunas instituciones educativas inspiradas más o menos conscientemente en aquellas tendencias antiintelectualistas y activistas. Nacen entonces las primeras "escuelas nuevas": Abbotsholme, Bedales, Landerziehungsheimen, École des Roches, etc., con hombres como Baddie, Badley, Lietz y Bertier, representantes del nuevo espíritu.[2]

En oposición a las escuelas públicas entonces existentes, éstas tratan de vitalizar la educación, introduciendo los métodos activos, abarcando la individualidad total del niño, influyendo por medio del

2 Véase L. Luzuriaga, *La educación nueva*, 3ª edición, Losada, Buenos Aires, 1948.

ambiente y la personalidad del maestro. No eran tampoco escuelas para las masas del pueblo, sino más bien escuelas minoritarias, para niños de familias pudientes.

Surge así una oposición o divergencia entre ambos tipos de escuelas que no podía subsistir mucho tiempo. Y, efectivamente, poco a poco se fueron suprimiendo las diferencias entre ellas, mediante la adopción por las públicas de ciertos caracteres y métodos de las nuevas. El primer intento en este sentido fue el realizado por John Dewey en la *Elementary School*, de la Universidad de Chicago, que fue una escuela experimental donde por primera vez se aplicaron en toda su significación los métodos activos. Otro ensayo fue el realizado por George Kerschensteiner en las escuelas públicas de Múnich, de 1910 a 1914, transformándolas en "escuelas de trabajo" (*Arbeitsschulen*), inspiradas en cierto modo en los métodos de Dewey.

La primera guerra mundial vino a detener este desarrollo de la escuela nueva pública y sólo a su terminación pudo ser proseguido. En tal sentido, el segundo momento de ésta es el de las "instituciones federales de educación" de Viena, que fueron verdaderas "escuelas nuevas", pero de carácter público y nacional. Otro momento en este camino de la transformación de series de escuelas públicas en escuelas nuevas, de ensayo y de reforma, fue el representado por varias ciudades alemanas, entre 1919 y 1933, como Hamburgo, Brema, Berlín, Leipzig y diversas ciudades norteamericanas con los sistemas de Winnetka, Gary, etc. Finalmente, hay que contar las reformas en grande por vía legislativa de varios países entre la primera y la segunda guerras mundiales, tales como las de Rusia, Alemania, Italia, Francia, etc., que han llevado a sus escuelas públicas las ideas y los métodos de los "escuelas nuevas".

Tal es, a grandes rasgos, el desarrollo que ha experimentado la escuela pública en sus últimos años. Ahora vamos a tratar de encontrar la fundamentación teórica y la organización práctica que a nuestro juicio debe tener la escuela nueva pública, es decir la escuela de nuestro tiempo.

2. Idea de la escuela nueva pública

La educación es una función necesaria para el desarrollo del ser humano. Así como la planta y el animal pueden desarrollarse sin un cultivo o cuidado adecuados, el hombre necesita, para su misma existencia, de una educación, por pequeña que sea, y sin la cual no podría alcanzar la hombría. De aquí la verdad de la frase de Kant: "El hombre sólo puede llegar a ser hombre por la educación". No es pues éste un acto voluntario, que se pueda dejar o no de realizar, de suspender a voluntad, sino que constituye una necesidad tan vital para el hombre como puede serlo la alimentación, el vestido o el lenguaje. En este sentido, no se puede hablar de hombres ineducados –que no existen– sino de hombres más o menos educados o mejor o peor educados.

La educación es, pues, una función esencial de la humanidad, que se viene realizando en la historia desde los primeros comienzos de la sociedad humana. Por educación entendemos, en su sentido más amplio, toda influencia ejercida sobre un ser humano con el fin de que alcance su máxima humanidad. En este sentido, la educación ha existido en la acción de la tribu, de la horda y de la familia sobre el ser juvenil primitivo, como se observa en el aprendizaje de las actividades agrícolas, venatorias, etc., y como se revela en los actos de "iniciación" de los efebos por el mago y el sacerdote primitivos, que ya ejercen una influencia más directa en aquél.

Sobre esta educación primitiva de carácter general, pragmática y mítica a la vez, han ido surgiendo en el curso de la historia una serie de actos, ideas e instituciones encaminada a desarrollar conscientemente la vida espiritual de los jóvenes. La educación es así, en sentido estricto, la influencia espiritual consciente ejercida sobre los seres juveniles por personas especializadas, en lugares adecuados y según ideales determinados para lograr el máximo desarrollo de su capacidad vital.

No obstante este desarrollo y superación de la primitiva acción difusa, espontánea, no ha desaparecido totalmente en la sociedad actual, sino que aún subsiste en la influencia ejercida por el medio ambiente en que se desarrolla el ser juvenil. Así junto a la educación consciente, intencional de la escuela, tenemos hoy la educación difusa de la casa, de la calle, del pueblo, además de otros factores específicos como el periódico, el libro, el cine, los deportes, etc., que constituyen la educación general espontánea.

Una de las funciones esenciales de la obra educativa estriba, no en suprimir esas influencias extraescolares –que sería empeño vano–, sino en utilizarlas para sus fines. En este sentido, la educación consiste en seleccionar aquellos recursos espirituales del medio ambiente y en introducirlos, depurados, en la escuela. Ésta vendría a ejercer así la función de un filtro o cedazo cultural que dejaría pasar los elementos de la vida real útiles para la educación y rechazaría los perjudiciales. La depuración y transmisión de esos medios culturales y vitales constituye la tarea de la instrucción.

Desde el punto de vista individual, la educación tiene que partir de la propia vida y experiencia del alumno y referirse constantemente a ellas. Ha de atender sobre todo a lo que contribuya a acrecentar y desarrollar la capacidad vital –biológica y espiritual– de aquél hasta el máximo posible. Como manifestaciones originarias de esa vitalidad reconocemos los impulsos, tendencia y deseos, y como expresiones de la experiencia, las percepciones, representaciones y conceptos. La obra de la educación ha de aspirar, pues, a aumentar la capacidad de apetecer y desear, de curiosidad y juicio, de coraje y reflexión, y sobre todo la aspiración a mejorar en todos los sentidos, que reside en el fondo del ser humano.

Esa vida originaria que hay que desarrollar se manifiesta sobre todo por la actividad. Vivir es ante todo hacer, actuar. De aquí que toda educación ha de partir de la actividad del educando. Ahora bien, esa actividad natural, espontánea, necesita ser canalizada, dirigida, aunque nunca violentada, ni sustituida por la actividad del educador. La educación consiste así en dirigir la actividad natural del alumno conforme a las mismas leyes del desarrollo juvenil.

Esta actividad necesita además una atmósfera adecuada para lograrse, y ésta no es otra que la libertad, elemento necesario de la educación y de todos sus factores: escuela, maestro y alumno. Ahora bien, la libertad no es sólo un medio negativo o una condición para la actividad (el *laissez faire* clásico), sino que a la vez constituye un factor positivo, creador necesario para la acción, y entonces la libertad se llama autonomía, o sea, la capacidad para actuar conforme a las leyes o normas propias con sentido objetivo.

Pero la actividad del individuo no se da aisladamente: Robinson mismo necesitó de la actividad de los demás, concentrada en los instrumentos y materiales que pudo salvar de su naufragio. La actividad humana es, pues, coactividad, interacción, actuación conjunta. Así surge la colaboración social, y esto deben ser la educación y la escuela, comunidad de acción o de trabajo, es decir comunidad vital.

Finalmente, la educación aunque es una función autónoma, que posee sus leyes propias y no debe ser coaccionada por agentes extraños a ella, no puede quedar aislada del medio social en que se desarrolla: familia, comunidad local, Estado, y por lo tanto ha de contar con su colaboración. Dentro de este medio, la función del educador consiste en descubrir las leyes del desarrollo infantil y de la acción educativa y en aplicarlas autónomamente. Su libertad está condicionada así por la legalidad. No hay libertad sin ley, ni ley sin libertad. El problema pedagógico consiste, en último término, en conciliar en la educación esos extremos, sin suprimir ninguno de ellos, pues la carencia de uno u otro equivale a anular la acción de la educación misma.

La escuela, como hemos dicho, es la institución encargada de la educación intencional o educación propiamente dicha. Las múltiples influencias que afectan a la vida del ser juvenil se concentran y depuran en la escuela. De ellas se seleccionan las más valiosas y eficaces, y se hace que actúen, a través del maestro, sobre la vida de aquél. La escuela es así el órgano genuino de la educación, como de la nación lo es el Estado.

Ahora bien, la escuela no es una institución estática, ni un puro mecanismo, sino que constituye un todo dinámico, o mejor un organismo vivo, que, como todos los organismos, está sometida a las leyes del desarrollo. Por un lado, la escuela sufre la misma evolución que la sociedad en que vive; por otro, se transforma también conforme varían las ideas pedagógicas que la inspiran.

Originariamente, la escuela fue la iniciación en los mitos, costumbres y profesiones de la sociedad primitiva. Más tarde, este contenido fue sustituido por una serie de técnicas intelectuales, las más importantes de las cuales fueron la escritura, la lectura y el cálculo, con un fondo de doctrina religiosa. Después estas técnicas y este fondo fueron ampliados con otros elementos de la cultura: historia, geografía, ciencias, etc., pero siempre con un carácter marcadamente intelectual y pasivo.

A partir del siglo actual se ha modificado, como se ha dicho, esta concepción intelectualista pasiva de la escuela, por otra más amplia, que se dirige a la individualidad total del alumno y sobre todo a su fundamento emotivo y activo. Los momentos esenciales de esta transformación son: 1) la introducción de nuevas materias escolares, de carácter más activo, como los trabajos manuales, el dibujo y los ejercicios físicos; 2) el cultivo de los sentimientos estéticos, sobre todo por la música, el canto, el arte y la literatura; 3) la modificación de los métodos de las materias tradicionales en el mismo sentido activista y emotivo, aplicando la observación, la experimentación, la expresión libre y las excursiones, y 4) la sustitución de las divisiones rígidas en materias del programa escolar por la concentración de éstas en grupos de temas afines por medio de la enseñanza global.

Ahora bien, los cambios experimentados por la escuela no han quedado reducidos a las materias y a los métodos de enseñanza, sino que han afectado a todos los aspectos de la vida escolar. En este sentido, el cambio más profundo es el que se refiere a la libertad en la escuela, la cual se convierte, de un centro autoritario, disciplinario pasivo, en un medio donde predominan la espontaneidad, la autonomía y la autoactividad. Los alumnos tienen libertad no sólo para moverse y aprender, sino también para intervenir en la vida de la misma escuela, por medio del *self-government* o autonomía de los alumnos.

Este principio de la libertad en la escuela se completa con el de la solidaridad y la comunidad. La escuela no es ya una reunión de personalidades aisladas y hasta antagónicas, sino una verdadera sociedad. Desaparece la separación y hasta la oposición existentes hoy entre maestros y alumnos; de una monaquía absoluta, autoritaria, la escuela pasa a ser una monarquía constitucional y luego una verdadera república. Por otro lado, se suprime también el sentido individualista y de rivalidad que existe entre los alumnos por un espíritu de mutua ayuda y de generosidad. La rivalidad y el egoísmo son sustituidos por el compañerismo y la solidaridad.

La escuela llega a ser así una auténtica comunidad vital, donde los alumnos no sólo aprenden, sino que, en el más amplio sentido de la palabra, viven. La vida se introduce, en efecto, en la escuela, y la escuela acude a la vida. Las actividades sociales extraescolares tienen un reflejo en la escuela: en ella se cultiva, se cocina, se teje, se forja, se imprime, se juega y se aprende. Pero la escuela va también en busca de la vida: se hacen excursiones a las fábricas, a las obras, a los talleres, al campo, al comercio, a los museos, al municipio, y se recoge el producto de estas visitas en la escuela. Hay en ella, así, un movimiento de ósmosis y endósmosis vital.

Pero la escuela no está constituida sólo por los maestros y los niños, sino que también hay otro factor decisivo en la vida de ella: la familia, los padres. La influencia de la escuela sería nula si fuera contrarrestada o no secundada por el medio familiar. La escuela utiliza este factor en dos formas: una, llamando a colaborar a los padres con ella, por medio de reuniones, conversaciones, conferencias, prestaciones económicas y personales, etc.; otra acudiendo a las casas de los alumnos, con maestros especializados, visitadores, que se informan de las necesidades de los alumnos y que a su vez dan cuenta a los padres de la marcha educativa de éstos. Así la comunidad de maestros y alumnos se amplía a la comunidad con los padres.

Finalmente, la escuela no es un ente abstracto, separado del medio en que vive, sino que está arraigada en él y de él depende en gran parte. La escuela no se acaba en los muros de las clases ni en la casa de los padres, sino que está enclavada en una localidad determinada. Hay en efecto un medio local que influye en ella tanto como el medio escolar y el medio familiar. Así se ha tenido que asociar a la escuela a los elementos más representativos de aquel medio: autoridades locales, grupos profesionales, entidades culturales, etc. Estos grupos prestan su colaboración a la escuela con sus medios económicos, sus sugestiones sociales y técnicas y sus orientaciones espirituales. La escuela es así vivificada y sobre todo continuada cuando su labor comienza a terminar. La semilla que la escuela ha plantado florece y fructifica fuera de ella.

A esta escuela completa, cabal, es a la que llamamos la "escuela nueva pública". Si ahora quisiéramos sintetizar lo dicho en unas palabras podríamos definir esa escuela como la escuela de comunidad vital, es decir la escuela en la que el alumno no sólo aprende, sino que, sobre todo, vive. Sólo que esta vida no es la vida ordinaria de la calle y la casa sino una vida depurada, intensificada, aunque no abstracta ni irreal. La escuela nueva pública es, en una palabra, la vida misma estilizada, espiritualizada.

3. Caracteres de la escuela nueva pública

Es difícil indicar sintéticamente los caracteres que desprendiéndose de los conceptos antes expresados nos puedan servir para distinguir la escuela nueva pública de la escuela tradicional. Con objeto de facilitar este trabajo hemos aplicado a las escuelas públicas, transformándolos, los caracteres que el Bureau International des Écoles Nouvelles, fundido más tarde con el Bureau International d'Éducation, de Ginebra, señaló para las "escuelas nuevas" de carácter privado.

Como es sabido, aquel Bureau, dirigido por M. Ad. Ferrière, publicó una lista de treinta rasgos característicos obtenidos de la experiencia misma de esas escuelas. Ahora bien, según aquél, para que se considere como nueva a una escuela no es necesario que reúna todos esos caracteres, sino que basta con que comprenda la mayor parte de ellos (el 50 % como mínimo).

Nosotros hemos seguido al Bureau en su enumeración de los caracteres de la escuela nueva, pero los hemos modificado adaptándolos a nuestro punto de vista pedagógico y a las necesidades peculiares de la enseñanza pública.

La lista que damos a continuación, y de la que

somos enteramente responsables, constituye, más que una realidad, una aspiración, un programa a ser realizado. La "escuela nueva pública" no puede ser considerada tampoco dogmáticamente; por tanto, los que traten de llevar la idea a la realidad escolar habrán de someter a una crítica detenida todos y cada uno de los puntos que señalamos sumariamente a continuación. Entretanto, sirva como proyecto el tipo de "escuela nueva pública" aquí caracterizado.

Organización

I

La escuela pública es un centro experimental de educación:

a) Gozando de una amplia autonomía dentro de la organización de la enseñanza oficial, ensaya los nuevos objetivos y métodos pedagógicos antes de ser aplicados a las demás escuelas públicas.

b) Se apoya en los resultados de la psicología de la infancia y la adolescencia y en los de las demás ciencias básicas de la pedagogía (filosofía, sociología, biología, historia de la cultura).

c) Trata de intensificar el desarrollo de la vida del niño en todos sus aspectos (físicos, sociales y espirituales) sin otros fines trascendentes ni utilitarios.

2

La escuela nueva pública es un *semiinternado*.

a) La influencia del medio es de extraordinaria

importancia para la educación. Por ello, esta escuela trata de mantener al alumno bajo su influencia el mayor tiempo posible: ocho o nueve horas sin interrupción, comiendo y reposando el niño en la escuela.

b) La escuela nueva pública se dirige por igual a todos los niños, sin tener en cuenta las diferencias de clase social, confesión religiosa ni posición económica de los padres.

c) No queriendo, sin embargo, romper la conexión con las familias, antes bien, deseando tener con ellas el mayor contacto posible, les devuelve los niños una vez terminada la jornada escolar y mantiene con ellas una íntima relación, bien por medio de visitas de los padres a la escuela, bien por las de los maestros a las casas de los alumnos.

3

La escuela pública *está situada en las inmediaciones de la ciudad.*

a) La vida al aire libre, en contacto con la naturaleza, constituye el medio físico más apropiado para la vida del niño en todos sus aspectos.

b) Pero como la escuela no debe romper la relación con la casa ni con la vida civilizada, ha de estar próxima a la ciudad y contar con fáciles medios de comunicación y transporte.

c) Cuando no sea posible instalar la escuela fuera de la población se la situará en parques, jardines o grandes espacios abiertos urbanos.

4

La escuela pública distribuye a sus alumnos *en grupos.*

a) Cada grupo de 20 a 30 alumnos estará al cuidado de un maestro que, como tutor, será responsable de su educación, tanto dentro como fuera de las clases.

b) El personal docente será mixto en todas las escuelas, y alternará indistintamente en su labor pedagógica.

c) Para que la labor de los maestros sea lo más eficiente posible no debe extenderse la actuación de cada uno de ellos a más de una sesión por día, mañana o tarde, de cuatro o cinco horas seguidas.

5

La escuela nueva pública practica la *coeducación de los sexos.*

a) No hay razón alguna para separar en la escuela a los niños y niñas, que viven conjuntamente en la familia y la calle.

b) Estableciendo la coeducación desde los primeros años escolares, niños y niñas se comportan debidamente, como compañeros, sin perturbaciones desagradables.

e) La coeducación es un elemento vivificador de la escuela y evita las "represiones" freudianas, de tanta trascendencia en la ulterior vida adulta.

Vida física

6

La escuela nueva pública concede especial atención a las *actividades manuales.*

a) Estas actividades son obligatorias para todos los alumnos y se cultivan más especialmente por la tarde.

b) Las actividades manuales no persiguen un fin profesional, sino educativo, pero en los últimos años pueden tener un carácter preprofesional.

e) Las actividades pueden realizarse, bien como complemento y apoyo de las demás materias escolares, bien como una enseñanza especial independiente.

7

La escuela nueva pública atiende a ciertas *actividades particulares:*

a) *Los trabajos de taller* (carpintería, cestería, encuadernación, metales, etc.), que desarrollan la destreza manual, el sentido de observación y el espíritu de cooperación.

b) *El cultivo del suelo* (horticultura, jardinería, arboricultura), que pone en contacto con la naturaleza y hace respetar ésta, depurando el sentido moral y estético.

e) *El cuidado de los animales domésticos* (gallinas, conejos, abejas, etc.), que estimula el sentido de protección y de responsabilidad y proporciona ocasiones para las enseñanzas científicas.

8

La escuela nueva pública fomenta en los niños el *trabajo libre individual y por grupos.*

a) La iniciativa y la espontaneidad respecto al trabajo son condiciones necesarias para que éste se realice con interés.

b) Los niños pueden y deben reunirse en grupos para sus trabajos, según sus gustos, aptitudes y preferencias.

e) Al maestro le corresponde dirigir y sugerir temas de trabajo y evitar las preferencias o repulsiones injustificadas, tanto respecto al trabajo como a la composición de los grupos.

9

La escuela nueva pública favorece especialmente los *juegos, los deportes* y *la gimnasia.*

a) El niño debe jugar siempre que sea posible al aire libre, y sólo en caso de mal tiempo, en locales cubiertos, pero siempre con las ventanas abiertas.

b) A medida que los niños crecen, el juego debe convertirse en deporte (pelota, fútbol, cricket, básquetbol, béisbol, tenis, rugby, etc.), que favorece la sana competición sin degenerar en luchas de partidos.

e) La gimnasia será preferentemente rítmica y respiratoria, y siempre convendrá atenerse en ella al consejo del médico escolar.

10

La nueva escuela pública practica las *excursiones, los campamentos* y *las colonias escolares de vacaciones.*

a) Las excursiones producen indudables beneficios de carácter físico, intelectual, estético y moral, acostumbrando a los niños al esfuerzo y a la contemplación de paisajes y escenas no habituales.

b) Los "campamentos" (*campings*), durante una semana o dos al lado de un río, un bosque o en el campo deben ensayarse siempre que sea posible.

c) Las colonias de vacaciones deben tener carácter principalmente educativo, sin que deban confundirse con los sanatorios u otras instituciones para niños enfermos o enfermizos.

Vida intelectual

11

La escuela nueva pública atiende, sobre todo, a la *cultura general* de los alumnos.

a) La palabra "cultura" debe entenderse en un doble sentido: como cultivo de las capacidades y poderes espirituales del alumno y como elaboración y asimilación de contenidos intelectuales.

b) El programa escolar contiene un mínimo de materias generales y obligatorias para todos los alumnos desde el primer año de escolaridad.

c) No fomenta el enciclopedismo superficial y

disperso, ni el aprendizaje mecánico de las materias, sino que agrupa a éstas según centros de interés ocasionales y permanentes basados en las necesidades del niño y en las estructuras esenciales culturales.

12

La escuela nueva pública deja un margen de *elección* a los alumnos.

a) Dentro del programa mínimo general y obligatorio queda un campo de trabajos a elección de los alumnos, tanto respecto a los diversos puntos de las materias como al modo de estudiarlas.

b) En los cursos superiores de la escuela debe haber también cierto número de materias electivas (idiomas extranjeros, arte, tecnología), con un mínimo obligatorio de dos o tres por curso.

c) El principio de elección y especialización no debe impedir, sino acentuar, el carácter liberal y humanista total, o integral, de la educación.

13

La escuela nueva pública basa su enseñanza en la *observación* y la *experimentación*, y comprende:

a) Observaciones de la naturaleza en todas sus manifestaciones (zoología, botánica, mineralogía, biología, etc.).

b) Observaciones directas del medio social (costumbres, trabajos, lenguaje, arte, instituciones sociales y políticas, etc.).

c) Trabajos de experimentación en las clases y en

el laboratorio de la escuela sobre los fenómenos más esenciales de la ciencia y de la vida.

14

La escuela nueva pública apela sobre todo a la *actividad personal* de los alumnos.

a) El trabajo, la acción del educando, es la base de toda educación intelectual y no puede ser sustituido por el del maestro.

b) Las materias más abstractas (matemáticas, lenguaje, etc.) se referirán a las más concretas (ciencias fisicoquímicas, naturales, geografía, etc.) en las que interviene más la acción creadora del alumno.

c) El trabajo personal no es incompatible con el colectivo, sino más bien complementario.

15

La nueva escuela pública recurre a los *intereses espontáneos* del alumno en esta forma:

a) Primera infancia o del jardín de infantes, de los cuatro o seis años: intereses indiferenciados, juegos y actividades libres.

b) Infancia propiamente dicha, o grado elemental de la escuela primaria, siete a once años: intereses concretos, juegos organizados y trabajo colectivo.

e) Segunda infancia o adolescencia, grado superior de la escuela primaria y elemental de la secundaria, de los 11 a los 14 años: intereses más abstractos y complejos: predominio del trabajo, paso del juego al deporte.

Organización de los estudios

16

La escuela nueva pública recurre al *trabajo individual* de los alumnos:

a) Recogida de datos y documentos (de los periódicos y revistas, libros, excursiones a museos, fábricas y talleres, etc.).

b) Clasificación de los datos recogidos (por categorías o rúbricas generales, fichas, catálogos, etc.).

c) Elaboración personal de los datos y documentos (cuadernos ilustrados, exposiciones, conferencias, proyecciones, etc.).

17

La escuela nueva pública apela también al *trabajo colectivo* de los alumnos:

a) Agrupación voluntaria de los alumnos según los temas, las aptitudes y las preferencias individuales.

b) Distribución en cada tema de los diversos puntos que comprende a los alumnos según sus dotes particulares.

c) Elaboración por el grupo de los resultados obtenidos, y exposición de éstos por escrito, de palabra o gráficamente.

18

En la escuela nueva pública la enseñanza se da principalmente *por la mañana.*

a) De nueve a una, o sea durante veinticuatro horas a la semana, se debe reservar a los trabajos intelectuales más intensos.

b) La sesión de la tarde, de dos a seis, se dedicará especialmente al trabajo más personal y libre de los alumnos, así como a las clases más activas y recreativas.

c) Las clases, todas las clases, tendrán, siempre que sea posible, más carácter de laboratorio que de lugar académico y abstracto.

19

En la escuela nueva pública se estudian pocas *materias por día.*

a) La dispersión de materias fatiga más la atención del alumno que su concentración en unas pocas: dos o tres por sesión como máximo.

b) Con los alumnos mayores puede hasta dedicarse una sesión escolar entera a una sola materia, teniendo sólo cuidado de establecer las pausas o descansos necesarios.

c) Debe siempre tenderse a relacionar los temas y materias de estudio con la vida real, cotidiana, para suprimir todo carácter artificioso y mecánico de la enseñanza.

20

El año escolar se dividirá en cursos trimestrales.

a) En cada uno de ellos se dará preferencia a las materias o temas más relacionados con la estación del año a la que pertenecen.

b) En lo posible se permitirá un horario individual a los alumnos mayores de los últimos cursos.

c) Los alumnos se clasificarán más que por su edad biológica o mental por el grado de adelanto o aptitud respecto a las diversas materias, pudiendo reunirse en cada una de ellas alumnos de varias edades.

Educación social

21

La escuela nueva pública constituye una *comunidad escolar.*

a) La escuela es una entidad integrada por los alumnos, los maestros y los padres y familiares de aquéllos, debiendo hallarse estos tres elementos en la más íntima y espiritual relación posible.

b) Los maestros son los responsables directos del régimen de la escuela, se reúnen periódicamente y eligen de entre ellos al director que los representa.

c) Los padres han de estar en contacto constante con los maestros para oír las observaciones de éstos y para expresar las suyas, sin que su intervención en la escuela tenga nunca carácter fiscal ni ejecutivo.

22

En la escuela nueva pública *los alumnos* forman también parte de la comunidad escolar.

a) Constituirán, al menos los mayores, una asamblea que se reunirá periódicamente (por lo menos tres o cuatro veces al año) y elegirán sus delegados cerca de los maestros.

b) Deberán confiarse a los alumnos, o a sus delegados, ciertos aspectos de la vida escolar (disciplina fuera de la clase, limpieza, cuidado de la biblioteca, campo de juego, etc.).

c) Se fomentará la creación de cooperativas o cooperadoras escolares de producción y consumo de material escolar, a base de los trabajos de los alumnos y de las aportaciones de la escuela y de las familias.

23

En la escuela nueva pública se procede a la elección de *jefes* o *tutores*.

a) Éstos tienen a su cargo la disciplina y el cuidado personal de los alumnos pequeños.

b) Los alumnos tutores tendrán la responsabilidad de grupos pequeños de alumnos (tres o cuatro) y alternarán en esta función cada año escolar.

c) Los maestros vigilarán siempre la conducta de los tutores para evitar posibles abusos respecto a los menores.

24

En la escuela nueva pública se desarrolla el *espíritu de solidaridad*.

a) Por el cuidado o protección de los alumnos mayores a los pequeños.

b) Por el auxilio mutuo entre los de igual edad y poder.

c) Por el respeto y la obediencia a los jefes o tutores autoelegidos.

25

La escuela nueva pública utiliza lo menos posible los *premios* y los *castigos*.

a) Rechaza desde luego los castigos corporales y los premios materiales como contrarios a la dignidad infantil y humana.

b) La recompensa mayor es la que nace de la satisfacción del trabajo realizado y el mayor castigo el que surge de la insatisfacción por el fracaso.

Educación artística y moral

26

La escuela pública debe constituir un *ambiente de belleza*.

a) El orden y la regularidad constituyen el punto de partida.

b) Los trabajos artísticos de los alumnos deben contribuir al embellecimiento de las clases.

c) La contemplación y la lectura de las obras maestras, artísticas y literarias contribuyen a la formación estética.

27

La escuela nueva pública cultiva especialmente el *canto y la música colectivos.*

a) Por el canto diario de canciones populares y clásicas.

b) Por la audición de trozos y piezas musicales bien en la escuela, bien fuera de ella.

c) Por la formación, si es posible, de pequeñas orquestas con los alumnos mayores que tengan más cultura y destreza musicales.

28

La escuela nueva pública cultiva todas las *manifestaciones artísticas* de sus alumnos:

a) Por medio de las artes plásticas (dibujo, modelado, pintura) como formas de expresión del mismo tipo y rango que la escritura.

b) Por la apelación a la creación literaria, mediante el relato y la narración de cuentos, historias, etc.

c) Por la representación y escenificación de pequeñas obras dramáticas de escritores eminentes, modernos y clásicos.

29

La escuela nueva pública apela a la *conciencia moral* de los alumnos:

a) Con lecturas diarias o semanales en común de obras apropiadas, no escritas expresamente con ese fin.

b) Con la práctica de las virtudes morales (abnegación, emulación, caballerosidad, veracidad, etc.).

c) Provocando en ellos juicios de valor ante actos realizados por ellos o por otros.

30

La escuela nueva pública educa el sentido de la *ciudadanía* y de la *humanidad*.

a) Con relatos y lecturas de la historia nacional en todos sus aspectos, sin que predominen en ellos los políticos ni guerreros.

b) Con relatos y lecturas de la historia universal y de relación de unos pueblos con otros.

c) Despertando el sentido de la solidaridad internacional y de la vida espiritual de la humanidad.

II
Nuevas orientaciones en la educación

1. Dos experimentos en la educación activa

Es un hecho muy conocido que las ideas defendidas por los *pioneers* o "exploradores" en el campo social y pedagógico suelen encontrar en los grupos tradicionales de la vida pública reacciones que dificultan y aplazan su realización. En el pasado, la distancia entre la proyección teórica y la realización efectiva ha sido generalmente grande, como ocurrió, por ejemplo, con las ideas de Rousseau y Pestalozzi, que tardaron más de un siglo en ser reconocidas en la educación. En la actualidad, sin duda debido a la mayor velocidad de la marcha del tiempo, la distancia de aplicación suele ser más corta. Así ha sucedido con las ideas de la "educación nueva" y de la "escuela activa" que han adoptado ya muchos países, incluso en sus planes oficiales, aunque aún hay otros que se han defendido de ellas como si fueran una enfermedad infecciosa.

La introducción de las ideas y los métodos renovadores en la enseñanza pública es indudablemente un asunto que requiere tiempo y meditación. No se puede transformar sin más todo un sistema de educación nacional. Pero de eso a cerrarse a toda posible reforma en los programas, métodos y planes de estudio, hay un abismo. Lo único que se debe pedir es que las innovaciones se estudien técnicamente, que se creen las condiciones necesarias para su éxito, evitándose las improvisaciones y precipitaciones. Pero una vez hecho esto, no hay peligro en reformar la educación tradicional según las nuevas ideas y procedimientos pedagógicos.

No se trata naturalmente de un prurito innovador, de un afán de reforma, sino simplemente de adaptar la enseñanza a las condiciones nuevas del tiempo. Si, como dice Kilpatrick, la sociedad actual es una sociedad rápidamente cambiante, la educación tiene que acomodarse a ese cambio. En la Argentina, por ejemplo, un hombre genial, Sarmiento, tuvo la visión de las necesidades de su tiempo, y conforme a ellas transformó la educación pública. Pero lo que hizo aquél en su época, adelantándose con mucho a ella, no lo han hecho después en igual medida los que le sucedieron, y la enseñanza nacional ha quedado atrasada en muchos aspectos con relación a su tiempo.

En la educación hay reformas y reformas. Las hay frívolas, superficiales, pasajeras, de pura moda, y las hay serias, profundas, permanentes y originales. Hay también formas de expresión y realización diversas, desde las más radicales, generales y abstractas a las más modestas, concretas e históricas. También han variado mucho los contenidos de las reformas. Ha habido un tiempo, por ejemplo, en que se puso de moda la pedagogía de los anormales y se tuvo la impresión de que no había más niños que los subnormales. Otras veces se ha dirigido la atención a los ejercicios físicos y parecía que todos los niños debían convertirse en atletas. Lo mismo ha ocurrido con otros fenómenos educativos: el intelectualismo formal de fines del pasado siglo, el intuicionismo superficial de las lecciones de cosas, el individualismo personalista de las competiciones, el nacionalismo a ultranza, etc.

Las reformas introducidas últimamente en la enseñanza oficial de algunos países, han sido en general acertadas en su contenido, pero han solido hacerse con un carácter universal y abstracto, sin una experimentación o comprobación previa en la realidad. De aquí que muchas veces hayan fracasado o no tenido mucho éxito al llevarlas a la práctica. Contra esta improvisación han protestado con razón los educadores por malograrse así ideas que les eran muy queridas. Afortunadamente, sus advertencias han comenzado a ser oídas, y ahora se han atendido en el país clásico de la experimentación, los Estados Unidos, con dos grandes ensayos sobre la educación activa realizados en la enseñanza primaria y en la secundaria, y que pueden ser decisivos para el porvenir de aquéllas en todo el mundo.

Uno de los ensayos se ha realizado en la ciudad de Nueva York, por disposición de su Consejo de Educación, en unas proporciones no alcanzadas hasta ahora en ninguna parte. El experimento comenzó en 1935, en trece escuelas conforme al programa de la escuela activa (*activity program*), para familiarizar a los maestros con las nuevas ideas. Al terminar el año, y en vista del éxito obtenido, se autorizó a participar en el experimento a 70 escuelas seleccionadas, representativas de todas las circunstancias locales, y comprendió a 80.000 niños y a 2.500 maestros. A los seis años de aplicarse el experimento, o sea en 1941, el Departamento de Educación del Estado de Nueva York presentó un informe[3] acerca de los resultados de aquél sobre la base de un estudio realizado durante dos años. En ese informe se comienza por aplaudir la iniciativa "porque la experimentación controlada debe desempeñar un papel mayor que hasta ahora en la reforma de la educación pública". Después afirma que el programa desarrollado en el experimento se halla de acuerdo con las ideas de la escuela activa. Al realizar su estudio, las ideas centrales que guiaron al Departamento fueron éstas: 1ª. ¿Ganan los niños de las escuelas activas valores que no habrían obtenido en las escuelas ordinarias? 2ª. ¿Pierden algunos valores que habrían logrado en las escuelas regulares? Ese estudio reveló que el programa activo era tan eficiente como el tradicional para la adquisición de los conocimientos y destrezas fundamentales y que era más eficiente respecto al desarrollo de las aptitudes mentales, intereses espirituales, conducta social y capacidad para pensar y actuar por propia iniciativa del niño. Estas ganancias, termina diciendo el Comisario de Educación, son de gran importancia para el pueblo de la ciudad y el Estado. Y en vista de ello, el programa activo recomendado por la junta de inspectores se aprobó en 1942, extendiéndose a todas las escuelas prima-

3 *The activity program. A curriculum experiment*, report of survey by the New York State Department of Education, 1941.

rias públicas de Nueva York, que comprenden a un millón de niños, y convirtiéndose así en el programa oficial de ellas. Nada menos que esto representó el experimento.

¿Cuáles eran las ideas que sirvieron de base a la escuela activa ensayada? En esencia, las siguientes: Los niños y los maestros participaron en la selección de las materias y en el planeamiento de las actividades; el programa se centró en las necesidades e intereses de los individuos y los grupos; los horarios fueron flexibles excepto para ciertas actividades en el *auditorium* y en aulas especiales que necesitaban "periodos fijos"; la escuela y los procedimientos escolares fueron socializados; la recitación formal de lecciones se sustituyó por discusiones, excursiones, asambleas, investigación, dramatizaciones, construcciones, interpretaciones y evaluaciones; la disciplina consistió en un autocontrol más que en un control impuesto, en conducta constructiva y social, más que en el "mantenimiento del orden"; se introdujo gradualmente en la escuela una forma democrática de vida; se atendió a la higiene mental más con procedimientos preventivos que curativos; se fomentó la iniciativa y responsabilidad de los maestros; se realizó la inspección en una forma más cooperativa que fiscal; se incitó a los padres a que visitaran frecuentemente las escuelas, estudiaran con los maestros sus problemas y contribuyeran voluntariamente a la realización de ciertos servicios, como las excursiones, la adquisición de material de enseñanza, la asistencia en los juegos, etc.; se hizo un amplio uso de los museos y exhibiciones de los trabajos de los alumnos, y se dio gran importancia a la construcción y expresión creadoras en las artes y actividades manuales.

Como se ve, estas características concuerdan plenamente con las que se asignan a la escuela activa, y suponen una revisión total del programa y los métodos de la escuela tradicional.

El otro gran experimento sobre la educación nueva y la escuela activa se ha realizado durante ocho años, desde 1935 a 1942, con un grupo de treinta escuelas secundarias de diversos tipos distribuidas por todos los Estados Unidos. El objeto del experimento era comprobar si los programas de las escuelas innovadoras eran tan eficientes para los estudios superiores, universitarios, como los de las escuelas ordinarias, y para ello ver si los alumnos procedentes de las escuelas "reformistas" obtenían en la universidad el mismo éxito que los que se graduaban en las demás escuelas. Cada una de las que aceptaron libremente el ensayo gozaban de completa libertad, tanto respecto a sus programas y métodos como al plan de estudios. La mayoría de las universidades del país accedieron a admitir a los graduados de las escuelas experimentales aunque no satisfacieran las exigencias ordinarias de ingreso.

Para comprobar el experimento y controlar los resultados obtenidos por las escuelas innovadoras, comparándolos con los de las escuelas "testigos", es decir, las escuelas secundarias ordinarias, se nombró una comisión compuesta por representantes de aquellas escuelas y de las universidades. Y ésta, después de un estudio prolijo[4], encontró que los graduados de las escuelas con programas experimentales eran superiores a los de las escuelas ordinarias, tanto en la labor académica corriente como en las actividades extraprogramáticas. Con la nota interesante de que los alumnos de las seis escuelas que habían transformado más radicalmente su enseñanza y se habían alejado más de la ordinaria fueron los que tuvieron más éxito en ambos géneros de trabajo en las universidades.

Como las escuelas disfrutaron de la máxima libertad en la aplicación de sus planes y métodos, existió en ellas una gran variedad y riqueza de orientaciones. Sin embargo, todas o casi todas ellas reconocieron los principios esenciales de la escuela activa. Entre ellos figuran: la iniciativa de los alumnos para el trabajo individual y colectivo; la libertad en la selección de las actividades, con la responsabilidad subsiguiente; la flexibilidad de los planes de estudio y la ausencia de programas fijados de antemano; la acomodación del trabajo a las necesidades individuales y a las condiciones locales; la participación de los profesores en el régimen y dirección de la escuela y sus actividades; la autonomía o *self-government* de los alumnos; la concentración de las materias en grandes grupos de estudio; la aplicación del método de proyectos en casi todas las actividades, etc.

El experimento demostró, además, la conveniencia de una preparación adecuada de los profesores

4 *Adventure in American education*, 5 vol.: W.M. Aikin, *The story of the eight year study*, Harper and Brothers, New York, 1942.

para las nuevas tareas; con ese fin se organizaron cursos de perfeccionamiento que duraron varias semanas cada año. Este factor personal puede decirse que es el decisivo en toda reforma y más especialmente en este experimento hasta el punto de que el mayor o menor éxito de las escuelas dependió del espíritu y de la preparación de sus profesores y maestros.

Por otra parte, el experimento reveló la posibilidad y aun la necesidad de modificar la actual escuela secundaria norteamericana. Como es sabido, ésta comprende a millones de adolescentes de uno y otro sexo, y de ellos sólo una tercera parte pasa a la universidad. Ello no obstante, las exigencias de ésta determinan en gran parte las condiciones de la enseñanza en la escuela secundaria, estableciéndose así un gran abismo entre la escuela y la vida.

La reforma que se pide en vista de los resultados del experimento es que las escuelas secundarias atiendan más en lo sucesivo a los alumnos que no persiguen fines universitarios, y que para ello cambien sus métodos de trabajo, acomodándolos más a la vida real social, económica, técnica, cultural. Y si esto ocurre en la escuela secundaria norteamericana, que es la menos académica del mundo, la más próxima a la vida, ¿qué no se podría decir de las de los países latinos, que es puramente académica? Esto, respecto a los programas, al contenido; mucho más aguda es aún la situación en lo que afecta a los procedimientos de enseñanza, a los métodos de trabajo, que en su mayor parte pertenecen al siglo pasado. En este sentido, en pocas partes es más necesaria una experimentación y una reforma a fondo de la segunda enseñanza –y no sólo en los planes de estudio– que en los países hispanoamericanos.

2. La actividad y la experimentación en la educación

Hace por ahora cincuenta años que el filósofo y pedagogo John Dewey realizó uno de los ensayos más interesantes de la educación contemporánea: la creación de la Escuela Experimental de la Universidad de Chicago. La idea de la experimentación no era ciertamente una cosa nueva en la actividad educativa. No hay más que recordar, en efecto, los ensayos pedagógicos de Pestalozzi y Froebel en los siglos XVIII y XIX. Mediante ellos se experimentaron métodos (la intuición y la acción, el trabajo y el juego) que siguen teniendo vigencia en nuestro tiempo. Lo nuevo en la experiencia de Dewey son las ideas y los recursos empleados para lograr un mayor rendimiento en la escuela, y la trascendencia que ha tenido para la educación actual.

Dewey era profesor de filosofía en la Universidad y recogió la iniciativa de discípulos suyos de fundar en ella una escuela para ensayar algunas de sus propias ideas pedagógicas. Con el fin de evitar el recelo que pudiera suscitar la palabra "experimental" aplicada a los niños, se la eludió en la denominación de la escuela, aunque en realidad ésta tenía ese carácter de experimentación. Por otra parte, aunque se la designó con frecuencia como una escuela-laboratorio, no se trataba en ella de comprobar o medir, al modo de la antigua psicología experimental, ciertas leyes o fenómenos psíquicos e pedagógicos, sino más bien de ensayar algunos métodos educativos aún no aplicados.

La escuela en realidad constituyó, dentro de la Universidad, una entidad autónoma, compuesta por los padres, los alumnos y los maestros. En ella se introdujeron, desde los primeros años de edad escolar, ciertas actividades como el hilado, el tejido, la costura, la cocina y los trabajos en madera y metal, que para la época eran revolucionarios y que constituyeron la base de la educación escolar. Tales actividades no tenían, naturalmente, un carácter profesional, sino que representaban métodos de vida, actividades sociales que debía reflejar la escuela. Ésta, en efecto, no sólo quería preparar para la vida, sino que aspiraba a introducir la vida misma en la escuela, "la vida tan real y vital como la que vive el niño en la casa, en la vecindad o en el campo de juego". La escuela perdía así su carácter abstracto, remoto, académico, constituyendo un verdadero "taller de hombres", como la designó Comenio hace tres siglos.

En otro aspecto, la escuela constituía una "sociedad en miniatura", que hacía participar al niño en su vida, en vez de ser éste un mero sujeto pasivo en ella. En tal sentido, la escuela simplificaba la vida social convirtiéndola en una auténtica comunidad –una "comunidad embrionaria"– en la que la disciplina procedía más que del maestro, de la escuela misma, de sus actividades y de su ambiente. Para ello partía de la vida del hogar, continuando las actividades que el niño realizaba en él y completándolas con aquellas otras que constituyen la base de la cultura actual. Mas aquí, como en todo, se arrancaba del desarrollo psicológico del niño, que en cierto modo corresponde al desarrollo cultural de la raza y del pueblo. Así el aspecto individual y el social, el psicológico y el cultural, no eran antagónicos sino paralelos y complementarios. Finalmente, la escuela se desenvolvía dentro de una atmósfera de libertad y responsabilidad, necesarias tanto respecto a los alumnos como a los maestros, pues, como decía Dewey: "Cuando la escuela se convierta y adiestre a cada niño de la sociedad como miembro de una pequeña comunidad, saturándole con el espíritu de cooperación y proporcionándole el instrumento para su autonomía efectiva, entonces tendremos la garantía mejor y más profunda de una sociedad más amplia, más noble y armoniosa."

Aparte de los méritos intrínsecos de la escuela experimental de Chicago, acaso su mayor valor se halla en la enorme cantidad de ensayos y experiencias que suscitó en los Estados Unidos y en todo el mundo, dando lugar así al movimiento tan fructífero de la educación nueva y de la escuela activa, base de la pedagogía actual. A estas horas, en efecto, son millares las escuelas difundidas por todas partes donde se aplican y ensayan los nuevos métodos de educación, viniendo a ser como los laboratorios vivos de la cultura de nuestro tiempo. Esas ideas y esos métodos no han quedado, sin embargo, encerrados dentro de las escuelas-laboratorios, sino que han penetrado en las mismas escuelas oficiales y han llegado hasta las reformas escolares de los países más cultos y progresivos. Sólo en los países totalitarios han sido excluidas esas innovaciones, sin duda por no responder a las ideas autoritarias que inspiran a su política. Pero, con esas excepciones, puede decirse que la escuela de Dewey ha sido el germen de donde ha fructificado –directa o indirectamente– la gran cosecha de la educación progresiva de nuestro tiempo.

Claro es que, como toda experimentación auténtica, la escuela de Chicago no fue un ensayo realizado al azar, "para ver lo que pasa", sino que constituyó una experiencia guiada por ciertas ideas o hipótesis fundamentales. No hay que olvidar al efecto que Dewey es ante todo un pensador, uno de los más eminentes pensadores de nuestro tiempo, formado en la severa disciplina de la filosofía hegeliana de la que se separó pronto para formar, con William James, el pragmatismo moderno.

Coincidiendo en sus ideas con el existencialismo actual, o mejor precediéndole, Dewey considera que la vida no está al servicio del pensamiento, sino el pensamiento al servicio de la vida, y que la vida es ante todo acción, actividad, "quehacer", como dice Ortega. Evidentemente, no se trata de un hacer arbitrario, casual, sin ton ni son, sino de una actividad inteligente, planeada. El hombre tiene que pensar para vivir, y para ello tiene que anticipar, "proyectar" lo que ha de hacer en cada momento. (A este respecto es curiosa la coincidencia en el empleo de ciertos términos entre Ortega y Dewey; aquél habla, por ejemplo, de la "vida como proyecto", y éste es el originador del método más importante de la educación actual: "el método de proyectos".)

Aplicando estas ideas a la educación, Dewey parte desde sus primeros escritos, publicados también ahora hace medio siglo, de la idea de la "actividad" que, aunque después la sustituyó por la de la "experiencia", conserva en ella el mismo principio activo. Ya en su célebre escrito *Mi credo pedagógico*, decía en 1897: "Creo que las ideas (procesos intelectuales y racionales) proceden de la acción y se desarrollan para el mejor control de la acción." Y al referir esta concepción a la vida del niño afirmaba que "el aspecto activo precede al pasivo en el desarrollo infantil; que la expresión viene antes que la impresión consciente; que el desarrollo muscular precede al sensorial; que los movimientos vienen antes que las sensaciones conscientes". Así se anticipó Dewey en muchos años a los resultados de la psicología infantil moderna, tal como se ven por ejemplo en los trabajos de Charlotte Bühler.

Pero no es sólo la idea de la actividad la que inspiró a Dewey en su labor escolar, sino que también influyeron en ella otras ideas esenciales suyas como la libertad y democracia, unidas para él inseparablemente. Para Dewey, "la vida moderna significa democracia, y democracia significa la liberación de la inteligencia para la acción independiente, la emanación inteligente del espíritu como órgano individual para realizar su propia obra". Así la democracia y la educación se hallan en una relación recíproca y vital. "La democracia es un principio educativo, una medida y una política educativas." Sin educación no puede subsistir ni desarrollarse la democracia, y sin la participación del pueblo en la educación, y sin el respeto a la individualidad personal, es decir, sin una orientación democrática, no hay tampoco verdadera educación. Dewey es también uno de los representantes más eminentes de la democracia progresiva, y durante toda su vida colaboró en los movimientos emancipadores de su pueblo, tanto en lo que se refiere a la mujer y al niño como al obrero y a los países oprimidos.

¿Qué consecuencias se desprenden de las ideas y actividades pedagógicas de Dewey para la educación de nuestro tiempo? A mi juicio las siguientes:

En primer lugar, la necesidad de basar la educación, toda la educación, en la actividad propia, personal del alumno, insustituible por ninguna otra, pero no operando al dictado ni arbitrariamente, sino conforme a las exigencias esenciales de su vida y del momento. En segundo lugar, es necesario que las actividades educativas se basen, de un lado, en las condiciones psicológicas, en el desarrollo anímico del alumno, y de otro, en las circunstancias sociales, nacionales y culturales de su tiempo. En tercer lugar, la libertad es necesaria en la educación no sólo para elegir lo pertinente en cada instante desde el punto de vista de la cultura, sino también para participar consciente y libremente en la comunidad educativa. Por último, se necesita crear escuelas e instituciones autónomas experimentales para ensayar y comprobar las ideas y los métodos pedagógicos, antes de emprender reformas y planes de estudio con carácter general porque, como decía ya Kant: "Es necesario crear escuelas experimentales antes de establecer escuelas normales".

Esta idea de la escuela experimental es particularmente importante en los momentos actuales, dada la complejidad de la educación contemporánea, tanto en su aspecto pedagógico como en el psicológico y social. A este efecto hay que crear, como se han creado ya en casi todos los países, con carácter oficial, particular o universitario, instituciones de experimentación pedagógica, donde se examinen e investiguen los problemas más importantes de la educación infantil y juvenil. Asimismo, se han de organizar institutos pedagógicos centrales, en los que se recojan los diversos resultados obtenidos en las escuelas experimentales, dándoles unidad, para presentarlos a la consideración de los educadores y autoridades oficiales. Mas para ello parece necesario atender siempre al factor personal, a la preparación adecuada de los individuos que tienen a su cargo las instituciones correspondientes, pues no basta con crear establecimientos científicos o pedagógicos y ponerles rótulos y títulos sonoros, sino que lo importante y decisivo, aquí como en todo, es siempre la aptitud personal y la preparación profesional de los encargados de ellos.

3. Nuevas formas de educación

Hablar de educación y cultura, de civilidad y humanismo en un mundo tan radicalmente dividido como el nuestro, puede parecer algo utópico, si no impertinente. Y sin embargo, si se quieren vencer los antagonismos sociales y nacionales hoy existentes, parece que no se hará con soluciones meramente políticas, siempre de corta duración, sino con una acción de amplio alcance y efectos duraderos, que sólo se logra modificando las condiciones psíquicas y espirituales del hombre, es decir, por la educación.

Empero, siempre que se habla de la posibilidad de esta reforma surgen los escépticos que afirman el carácter inmutable de la naturaleza humana y que por tanto niegan la posibilidad de la acción educativa. Así ha ocurrido que los esfuerzos de los más grandes educadores, desde Sócrates a Pestalozzi, se han visto contrarrestados por la indiferencia de los hombres prácticos de su tiempo. Entre ellos figuran en primer término los políticos, sean conservadores o revolucionarios, que miran sólo a las condiciones inmediatas del momento actual, y que ante toda medida de largo alcance permanecen indiferentes, cuando no hostiles. Les importa sobre todo el poder, la fuerza –económica o militar–, y consideran a los factores espirituales como la quinta rueda del carro.

Esto no obstante, se ha visto que lo decisivo en la historia no ha sido el poderío político o militar, sino la capacidad espiritual y cultural de los pueblos, aunque por el momento sufra ésta algunos eclipses. Grecia y Roma desaparecieron como Estados o Imperios, mas las culturas griega y latina han subsistido. Los Estados de Europa Occidental han sufrido un rudo golpe con las últimas guerras, pero las culturas francesa, la alemana y la italiana no desaparecerán, seguramente. En cambio, no sabemos si Estados vencedores, como los eslavos, atrasados culturalmente, tendrán una vida larga y próspera.

En un discurso reciente ha dicho el famoso historiador británico Arnold J. Toynbee: "Aunque sea el Estado al cual pertenecemos el que nos exija, especialmente en esta época, lealtad y fidelidad, es la civilización de la cual formamos parte la que pesa más en nuestras vidas... Los Estados tienen por lo general cortas vidas y repentinas muertes... Ésta es una de las razones por las cuales yo os pido que miréis la historia bajo el prisma de las civilizaciones y no bajo el de los Estados, y que penséis estos últimos como fenómenos políticos subsidiarios y efímeros de la vida de las civilizaciones en cuyo seno aparecen y mueren."

Esto nos lleva a afirmar también la necesidad de una amplia acción cultural y educativa si nuestro mundo ha de sobrevivir a las agudas contiendas actuales. Esta necesidad la han debido sentir también, aparte de nosotros, los jóvenes de nuestro tiempo cuando a raíz de terminada la última guerra han acudido en número considerable a los centros de cultura superior, hasta el punto de constituir uno de los fenómenos más elocuentes de la hora actual el hecho de que en muchos de los países ex beligerantes se ha duplicado el número de los estudiantes de la enseñanza superior, creando con ello problemas y conflictos respecto a edificios, material y sobre todo profesores, que ha habido que improvisar rápidamente.

Pero el problema actual no es sólo cuantitativo, numérico, sino también de cualidad, de acomodación a las nuevas condiciones de la sociedad. Una de ellas, en el mundo democrático se entiende, es sin duda la libre expresión y discusión de las ideas y la consiguiente desaparición de toda imposición o adoctrinamiento dogmáticos. Así en las nuevas formas de educación están en camino de desaparición las conferencias y exposiciones magistrales, y su sustitución por las discusiones y debates libres. Ello se ha venido realizando desde hace tiempo en las instituciones docentes progresivas, donde la voz del *magister* ha sido reemplazada por el diálogo vivo del maestro y alumnos. Pero ahora este libre coloquio ha trascendido de las aulas escolares y ha adquirido una forma regular, institucional en los actos culturales de los adultos. Así en Gran Bretaña han surgido últimamente multitud de instituciones de cultura organizadas sobre la base de debates públicos y libres del profesor u orador con su auditorio.

Este empleo de la discusión y el diálogo no es ciertamente algo nuevo; se halla en los mismos comienzos de la civilización occidental, y sus más altos representantes fueron Sócrates y Platón. En realidad, podría decirse que la cultura ha empezado en forma de conversación, de diálogo. Lo diferente ahora es su sentido. Mientras que en la discusión socrática el maestro sabía de antemano la verdad que quería enseñar, partiendo de una supuesta ignorancia, en los debates actuales se discuten problemas reales cuya solución se ignora o al menos no es totalmente evidente, y se trata de buscarla objetiva, desapasionadamente. La discusión se asemeja así a una especie de trabajo de seminario universitario, aunque sin el carácter escolar, académico de éste. Ello supone, naturalmente, por parte del profesor o director de la discusión, un dominio, no sólo de la materia, sino también de la técnica o arte del debate, y en los auditores o participantes una buena voluntad para no dificultar la discusión con cuestiones accesorias o personales. Los "grupos de discusión" que se han formado de este modo en Gran Bretaña se van generalizando cada vez más hasta llegar a constituir verdaderas federaciones que facilitan el intercambio de temas y profesores.

En una dirección semejante, aunque en sentido distinto, se ha desarrollado también últimamente, en los Estados Unidos, una nueva forma de educación, basada en la lectura y comentario de los grandes libros de la ciencia, la literatura y las humanidades. Ciertamente en todos los tiempos se han estudiado los autores clásicos. Es más, se puede decir que las universidades se han desarrollado como centros de estudio y comentario de aquéllos (Aristóteles, Santo Tomás, etc.). Las lecciones magistrales han consistido durante mucho tiempo principalmente en pre-lecciones de textos (*Vorlesungen* se llaman todavía en alemán, y clásico es el que se lee en clase). El Renacimiento y el desarrollo científico subsiguiente rechazaron toda autoridad dogmática y trataron de ir a las fuentes vivas de la cultura, la naturaleza y el espíritu. Con ello se abandonó la tradición de los clásicos y se acudió a los métodos de la observación y el experimento. Pero con ellos quedó también subsistente la conferencia magistral del profesor que ha seguido ocupando un lugar considerable hasta en nuestro tiempo.

Reaccionando contra esta sustitución de las fuentes vivas de la cultura por el pálido reflejo magistral, se inició en los últimos años una vuelta al estudio directo de las grandes obras clásicas y modernas. Este movimiento llegó incluso a constituir un plan completo de estudios basado en la lectura, comentario y discusión de las obras más famosas de la historia, desde Homero y Hesiodo a Einstein y Bertrand Russell. Tal es, en síntesis, el plan del Saint John's College, organizado en Annapolis en 1937, como un Colegio universitario con cuatro años de estudio que terminan con el grado de Bachiller en Artes. Este sistema tiene la gran ventaja de su carácter ampliamente cultural, pero en cambio se le puede reprochar quizá su espíritu demasiado académico, ya que deja fuera de él o no atiende debidamente a los problemas sociales, económicos y técnicos de nuestro tiempo.

Más recientemente aún se ha ensayado llevar el sistema de las lecturas como el de los debates al gran público culto, instituyéndose organizaciones especiales para el estudio y comentario de las grandes obras de nuestra cultura, bajo la dirección de profesores competentes en las respectivas materias. Su iniciador o principal sostenedor ha sido el conocido y discutido canciller de la Universidad de Chicago, R. M. Hutchins. La idea de llevar al gran público las obras maestras ha tenido gran éxito en los Estados Unidos, donde se hacía sentir la falta de una cultura humanista que estuviera a la altura del enorme desarrollo alcanzado por los estudios científicos y técnicos. Esta labor cultural se facilitará con la publicación en ediciones económicas de gran tiraje de las obras para hacerlas accesibles a todos. Un precedente digno de mencionarse en el sentido antes indicado lo constituye el ensayo realizado en este país, en el Colegio Libre de Estudios Superiores, por Pedro Henríquez Ureña, basándose sobre todo en la iniciativa del St. John's College.

Tales son algunas de las formas nuevas de educación que en último término se han encaminado al desarrollo de la libre exposición y discusión de las ideas y al fomento de las culturas clásica y moderna entre los que no tienen acceso al estudio regular de los centros superiores de enseñanza. Se trata pues de un proceso de elevación de las masas haciéndolas ingresar en este mundo maravilloso de la cultura, único que podrá salvar las diferencias del mundo político y hacer que subsista la democracia como forma eficiente de vida. Pues como ha dicho recientemente el profesor F. S. C. Northrop en su conocida obra *The Meeting of East and West*: "La educación y especialmente la aplicación de los métodos más objetivos y desapasionados de la ciencia, aun el estudio de las religiones y las humanidades, es un instrumento esencial por medio del cual se propagan la tolerancia religiosa y los supuestos democráticos necesarios para hacer que funcione la democracia."

4. Tendencias actuales en la educación secundaria

Si la época actual es de crisis, también tiene que sufrirla la educación, ya que ésta, en una de sus fases, no es más que el reflejo de la concepción de la vida y del mundo que tiene la sociedad en un momento histórico determinado. La crisis presente –social, política, educativa– se percibe más particularmente en la educacación secundaria, debido tanto a su carácter intermedio entre la primaria y la superior, como a los impactos de los problemas sociales en ella. Esta situación es sin embargo más bien saludable, pues en el fondo constituye una crisis de crecimiento, producida por el enorme desarrollo que la educación media ha tenido en todas partes, hasta el punto de constituir en la actualidad el problema máximo de la pedagogía.

Durante mucho tiempo, desde su constitución en el siglo XVI, se ha considerado a la enseñanza secundaria casi exclusivamente como una preparación para la universitaria o superior. Ha sido, pues, y continúa siendo en muchos países, una educación de carácter académico, para una minoría burguesa. Tal concepción ha sido, sin embargo, superada en nuestro tiempo por dos consideraciones esenciales: una interna, pedagógica, que ha hecho de la enseñanza secundaria, no un grado preparatorio, de transición, sino algo sustantivo, con un fin en sí: la educación de la adolescencia; otra externa, social, que asigna a aquélla un valor humano, democrático, como bien común de todas las clases de la nación.

Considerada así, el primer problema de la enseñanza secundaria, desde el punto de vista pedagógico, estriba en su adaptación a las condiciones personales, psicológicas, del adolescente, en la acomodación de los programas y planes de estudio a las aspiraciones y necesidades de éste, y no al revés, como ocurría anteriormente. En tal sentido, aparece como la tarea inmediata de la enseñanza media la selección de sus alumnos, sin el carácter de exclusión y eliminación, que tiene aún hoy, pues salvo los retrasados mentales, todos aquéllos son aptos para algún género de educación; sino para determinar, según sus condiciones psicológicas, el género de educación que les corresponde, sea ésta manual, artística, literaria o científica.

Si prescindimos del tradicional y desacreditado sistema del examen por materias, que no revela en absoluto las condiciones personales de los alumnos, existen hoy dos soluciones esenciales para este problema de la selección. Una de ellas, puramente psicológica, tal como se utiliza generalmente en los Estados Unidos, consiste en la aplicación de los tests o pruebas mentales y de rendimiento al ingreso o a la reválida de la segunda enseñanza. Esta solución, aunque evidentemente más acertada que el examen por materias, tiene el inconveniente de su carácter temporal, momentáneo, y el descuido de otros aspectos valiosos, más profundos, de la personalidad que el puramente intelectual.

La otra solución es la psicológico-pedagógica dada por la reforma francesa de 1937, de las "clases de orientación", en las cuales permanecen los alumnos durante un año al terminar la enseñanza primaria, o de "primer grado", como se la llama ahora en Francia, y empezar la secundaria o de "segundo grado". En aquéllas, los alumnos reciben una educación integral, experimental, y son a la vez observados por profesores y psicólogos, que dictaminan al terminar el curso sobre el género de educación para el que son más aptos. Con este sistema se evitan los peligros de una clasificación momentánea y se atiende a todos los aspectos de la vida del alumno: inteligencia, aplicación, aptitud, etc.

El segundo problema, relacionado con éste, se refiere a la composición de los planes de estudio y a la redacción de los programas. La actual acumulación, dispersión y extensión de las materias que se observan en ciertos planes es lo más opuesto que cabe imaginarse a todo sentido pedagógico..., y humano. Pues por un lado ese sistema representa el cultivo de la superficialidad en su grado máximo y, por otro, es un ataque alevoso al desarrollo físico y espiritual del adolescente. Esto es sobre todo grave en los sistemas de bachillerato único y uniforme, donde se confunden en una imposible algarabía las materias humanistas con las científicas y las literarias con las técnicas. A estas horas apenas existe ya en ninguna parte este bachillerato enciclopédico.

En su lugar, se han desarrollado desde hace ya muchos años diversos sistemas encaminados a simplificar y unificar los programas de enseñanza. El más antiguo de ellos consiste en la diversificación y equiparación de los estudios en establecimientos independientes: –humanistas, realistas, técnicos como ocurre en Alemania e Italia–. Otro sistema es el de la bifurcación de los estudios en la misma institución con planes diferentes: humanidades clásicas y modernas, como se hace en Francia. Y el último es la presentación, en forma electiva, de las materias dentro de un amplio programa de estudios, como en la *high school* norteamericana. Estas soluciones, aunque superiores al sistema del plan único, tienen el inconveniente de la prematura selección y especialización, con las posibles equivocaciones al ser seleccionados.

Descartada ya la antigua creencia en el mayor valor educativo de algunas materias, como el latín y las matemáticas, que no son superiores a otras, por ejemplo la historia o la biología, no se puede hablar ya de un plan único, con el predominio de algunas de aquéllas, sino que hay que admitir la multiplicidad de planes y la posibilidad de elección por los alumnos. Cabría, pues, establecer esa variedad, siempre que la elección se haga en su momento oportuno. En este sentido, la solución más razonable acaso sea la de establecer dos ciclos en la enseñanza secundaria: uno básico, común, de cultura general, y otro especial, superior, con una polifurcación en humanidades, ciencias técnicas, artes, etc. El primer ciclo serviría directamente como una preparación para la vida a los que no siguen estudios universitarios: el segundo ciclo atendería especialmente a la preparación para éstos. Se tendrían así las ventajas de la "escuela multilateral", a la que aspira la mejor educación de nuestro tiempo.

No es posible tocar ahora un tema tan interesante de la educación secundaria, como es el de los métodos. Baste sólo decir que, respondiendo a la nueva concepción de aquélla, se ha sustituido en todas partes el sistema de la lección dogmática del maestro y del aprendizaje memorístico de textos por la observación, la experimentación y la elaboración creadoras del alumno. En este sentido es significativo el hecho de la introducción en la enseñanza secundaria de los métodos activos de la primaria, como son el "método de proyectos", el "método de problemas", etc.

Pero no basta tampoco con atender al aspecto intelectual de la educación, según lo han hecho hasta ahora los colegios tradicionales. Junto a los problemas de la instrucción propiamente dicha, se hallan los que afectan a la individualidad, total y diferencial del alumno: la formación de la sensibilidad estética, de la personalidad moral, del juicio independiente, del sentido social, del acertado uso del ocio. Todo esto, en mayor o menor grado, se halla atendido especialmente en las "escuelas nuevas", que educan, más que por los medios directos de la instrucción, por la influencia del ambiente escolar y por la personalidad del maestro. Uno y otra adquieren particular realce en las escuelas y colegios ingleses, sobre todo en los tradicionales que poseen internados (*Public Schools*).

En conexión íntima con esta vivificación de la enseñanza se halla el problema de la introducción en la escuela secundaria de los problemas del mundo actual. Hasta ahora aquélla ha estado alejada de todo lo que más interés directo tiene para la vida y la cultura del joven. Era un lugar remoto, abstracto, aislado de los problemas nacionales, internacionales, económicos, sociales y políticos de nuestro tiempo. En la actualidad se trata de remediar este lamentable estado de cosas llevando a la escuela estos problemas vivos, inclusive con la lectura y comentario de los diarios y revistas. Ello se hace, naturalmente, no en forma de adoctrinamiento y propaganda partidista, sino con un sentido objetivo, de información. De este modo el adolescente adquiere, además de la cultura viva de su tiempo, el espíritu crítico, independiente, que corresponde a todo ciudadano libre, miembro de una democracia.

En cuanto al aspecto externo, social, el problema más urgente e importante de la educación actual, como repetidamente hemos advertido en este mismo lugar, es el de la universalización de la enseñanza secundaria, como lo fue la de la primaria en el siglo pasado. Dada la condicionalidad de la educación respecto a las circunstancias sociales e históricas de cada país, ese problema ha recibido también diversas soluciones. Una de ellas, de carácter legal, es la del tipo de "l'école unique" de Francia, que ha hecho desde 1933 totalmente gratuita la enseñanza secundaria, después de los persistentes trabajos de los políticos radicales y socialistas franceses. Otra solución, de tipo más bien político-pedagógico, es la reforma inglesa de 1945, que ha establecido prácticamente con carácter universal y obligatorio la enseñanza postprimaria conforme al *slogan* de los laboristas de la "educación secundaria para todos". Finalmente, está la fórmula de carácter social, que ha realizado el pueblo norteamericano por su interés espontáneo e intenso hacia la educación y que ha hecho que la gran mayoría de los adolescentes asista libremente a las escuelas secundarias.

A este mismo orden de cosas pertenece el problema de la relación entre las diversas instituciones de la enseñanza media, sobre todo de las generales y las profesionales, dejando de constituir como en la actualidad otros tantos compartimientos estancos. Para ello se ha tratado de dar facilidades para el paso de la enseñanza humanista a la vocacional, o bien se han fundido una y otra en el mismo sistema de educación. Con esto el obrero y el técnico son algo más que un instrumento de la máquina o de la economía y el intelectual adquiere un sentido real de la vida. Así ha procedido Inglaterra al equiparar sus diversas instituciones de enseñanza media, dando el mismo valor a las "escuelas de gramática", que a las "modernas" y a las "técnicas", y así lo han hecho los Estados Unidos al ofrecer en la misma escuela las materias técnicas, las artísticas, las científicas y las literarias.

No menos importante que ésta es la cuestión de la libertad y autonomía de las instituciones docentes. La centralización burocrática que se observa en algunos sistemas de educación, resto inconsciente del centralismo napoleónico, actúa del modo más nocivo sobre la educación nacional misma. Las escuelas no pueden ser simples ruedas de un mecanismo administrativo, sometidas a la acción omnipotente y omnisciente de las autoridades burocráticas, sino que deben ser unidades vivas, entidades espirituales, con autonomía pedagógica y administrativa. Así lo son, por ejemplo, las escuelas inglesas norteamericanas, dentro de líneas muy generales y amplias trazadas por sus autoridades. Aquéllas tienen libertad, inclusive para redactar sus programas y planes de estudio, y ciertamente no se ve que hayan quedado atrás en nada respecto a los sistemas centralizados.

Ahora bien, para que esta autonomía sea tan eficaz como lo es en esas escuelas anglosajonas, no parece aconsejable que se aplique con carácter general, para todas las escuelas, sino más bien en forma de ensayo en algunas instituciones experimentales. Así se hizo en España, con el Instituto-Escuela de Madrid, que estaba en camino de transformar toda la educación española, y en parte lo había logrado ya, cuando le sorprendió la última irrupción política, que se llevó por delante cuanto había de delicado y libre en aquélla.

La autonomía de las escuelas secundarias serviría también para establecer una mayor relación con el mundo en torno suyo, con las familias, con la sociedad local, convirtiendo a la escuela en un verdadero centro de cultura y de vida de la comunidad. Así lo han hecho también las escuelas antes citadas poniendo a disposición de la comunidad local todas sus instalaciones y medios de instrucción e influyendo de este modo en el desarrollo cultural de todos sus miembros.

Se ve, pues, que lo decisivo en la educación secundaria, como en todas las demás, no son las reformas de los programas y planes de estudio impuestos desde arriba, siempre pasajeros y superficiales, sino el espíritu de la escuela, la colaboración social y el ánimo de sus maestros y profesores. Éste es, sobre todo, a nuestro juicio, el elemento decisivo. Sin un profesorado especializado bien preparado, bien seleccionado y bien remunerado, hay que repetirlo una vez más, todos los esfuerzos que se realicen para mejorar la situación actual de la enseñanza están condenados de antemano al más rotundo fracaso.

III
La educación de la juventud

1. Valor de la juventud

En un mundo dividido como el actual, con conflictos agudos y antagonismos al parecer irreductibles, la juventud es nuestra última esperanza. El fracaso de los adultos al promover o no evitar dos guerras mundiales en poco más de veinte años es demasiado evidente para que podamos tener fe en los hombres actuales. Al mismo tiempo, los problemas de la posguerra en todos los órdenes –políticos, económicos, sociales– se han ido acumulando de tal modo, que los adultos de hoy parecemos incapaces de resolverlos.

En tiempos de crisis como el nuestro, se ha apelado siempre a la juventud como una tabla de salvación, como la clave a un callejón sin salida. Así lo hizo Fichte en plena dominación napoleónica y así lo hizo Platón al iniciarse la decadencia política de Atenas.

Pero en nuestro tiempo las dificultades son aún mayores; la crisis no es nacional sino internacional, mundial. Sobre las ruinas de la guerra en tantas naciones se elevan las pugnas de las ideologías políticas y de los intereses económicos. Hay hoy una política de poder y de fuerza en la que más o menos directamente intervienen todos los pueblos.

Moscú, Londres, Nueva York (Wall Street) y Roma (Vaticano) son los puntos cardinales que orientan la política de nuestro tiempo. Por ellos se rigen los demás países, aún aquellos que más se precian de su independencia.

El denominador común a todos es el nacionalismo revestido en una u otra forma. Ha desaparecido, es cierto, el nacionalsocialismo alemán. Pero subsiste el nacionalcomunismo ruso, el nacionalcapitalismo yanqui, el nacionalcatolicismo español y hasta el nacional-laborismo británico.

En los momentos actuales se realizan esfuerzos meritorios para salir de estos pozos políticos en que está sumida la humanidad. La Organización de las Naciones Unidas puede ser una salida. Pero sólo lo será si no se limita al aspecto puramente político de la situación. Hace falta cambiar el ambiente espiritual de la época ofreciéndole nuevas perspectivas y esperanzas; hace falta, sobre todo, cambiar al hombre, dotándole de nuevos ideales y aspiraciones.

En este sentido, la Organización Educativa, Científica y Cultural de las Naciones Unidas, la UNESCO, puede ser un camino, pero aún es una incógnita. Con todas sus buenas intenciones, se observa en ella cierta carencia de ímpetu, de ambición para resolver los problemas. Trata de organizar instituciones, de reparar los daños, de entablar relaciones culturales cada vez más intensas entre los pueblos; pero no presenta un ideal original creador, una nueva espiritualidad.

Cuando lo que hace falta para vencer al nacionalismo separatista y a la reacción internacional es que, junto al patriotismo nacional, en sí respetable cuando no degenera en nacionalismo aislador, se cree un patriotismo mundial, un sentimiento de humanidad, de comunidad entre todos los hombres, como lo hizo en su tiempo el cristianismo.

Pues ese sentimiento de humanidad no es nada nuevo en la historia. Ha habido momentos de ella en que los hombres de todos los países se sentían solidarios o pertenecientes a una entidad común. Uno de ellos fue la Edad Media con la idea de la cristiandad; otro, su antípoda, el siglo XVIII, con su concepción racionalista. Entonces, las divisiones nacionales o no existían o quedaron reducidas a sus límites mínimos. Los hombres de unos países se entendían perfectamente unos con otros, bien por la religión y el idioma comunes o bien por las ideas en que eran copartícipes.

Esta comunidad europea, o mejor mundial, fue sin embargo rota en las épocas que sucedieron a esos dos movimientos: con la Reforma, en el siglo XVI, que fomenta el nacionalismo germano, y con el Romanticismo, en el siglo XIX, que estimula los nacionalismos europeos.

En relación inmediata con el nacionalismo se halla el desarrollo del imperialismo, fenómeno sin embargo universal que no puede adscribirse a un pueblo o a una época determinados. Imperialistas lo fueron el Oriente y Roma, España y Holanda, Francia y Alemania e imperialistas lo son hoy Inglaterra, Estados Unidos y Rusia, sin contar otros países menores.

En este momento, los ojos de los hombres conscientes se vuelven hacia un mundo mejor, un mundo sin odios, ni venganzas, sin más luchas que las que surgen de las naturales divergencias humanas, pero sin acudir a la guerra para solventarlas, una guerra que sería sin duda el fin de la humanidad con las armas atómicas modernas. Este mundo mejor no puede venir por otro camino que el de la educación, por la formación de la juventud según otros ideales. Pero estos ideales aún no están formados en la conciencia de los hombres o por lo menos no lo están unánimemente. Sigue aún existiendo en ellos la división y la pugna; unos mantienen aspiraciones individualistas; otros colectivistas; unos quieren prolongar el capitalismo, otros aspiran a implantar el comunismo; unos defienden la tolerancia y la libertad, otros el dogmatismo y la violencia.

Ante el desacuerdo existente, no cabe apelar a una solución única, a una fórmula simplista y abstracta; hay que aspirar más bien a soluciones parciales, en vista de la realidad, pero en una atmósfera de armonía, de convivencia entre todos los que aspiran honestamente a salir del *impasse* actual.

Para esto puede y debe servir la educación, la formación de las nuevas generaciones en un sentido de integración y de colaboración. Pero a estas juventudes no se las puede imponer tampoco una actitud, una orientación fija y determinada, lo que sería la negación de ella misma y de aquellos principios. Por el contrario, hay que limitarse a ofrecerles los medios para que ellas mismas encuentren el camino de su salvación, para que puedan liberarse y liberar al mundo de las angustias presentes.

En una palabra, hay que facilitar a la juventud su propia formación, su autoeducación, la única eficaz y verdadera. El Estado, la nación, están en efecto obligados a proporcionarle los medios para ello, por medio de las escuelas, las bibliotecas, el trabajo y el recreo. Y no sólo la nación y el Estado se hallan obligados a ello, sino que también lo están todos los factores sociales, la familia, la comunidad local, los sindicatos profesionales, las entidades religiosas y culturales y todos los individuos que se preocupen por su mejora y progreso.

La juventud es nuestra última esperanza, nuestra única solución. Es necesario que los adultos, en vista de sus fracasos, se retiren humildemente a un segundo plano y que dejen la escena a las nuevas generaciones para que ensayen, actúen e incluso se equivoquen. De los yerros vendrán los aciertos. Tiempo tendrán para rectificar sus errores, que desde luego difícilmente serán mayores que los nuestros.

Pero aquí también hay que proceder con cuidado y cautela. Es preciso ciertamente dejar cada vez más en libertad a la juventud para que determine su vida y destino; pero hay también que evitar que caiga en manos de los partidos políticos u otras organizaciones sectarias. El recuerdo del movimiento juvenil alemán anterior a la primera guerra europea debe servirnos de escarmiento. Ese movimiento, que comenzó como una aspiración a la emancipación, a la liberación de los errores e imposiciones de los adultos, cayó al poco tiempo en manos de los agitadores políticos y sectarios, y fue desnaturalizado completamente.

Por otra parte, hay que evitar también la frivolidad y la irresponsabilidad de algunos jóvenes y organizaciones juveniles, que sólo piensan en el provecho personal, en la diversión y el deporte. Al reconocerse los derechos de la juventud, hay que recordarle también sus deberes. Y uno de ellos, acaso el más importante, es el que tiene respecto a la colectividad nacional e internacional de la que forma parte. No se trata pues de dejarla en libertad para hacer lo que quiera, sino lo que deba, tanto respecto a ella misma como a los demás.

Para esto, la educación es el medio más eficiente y desinteresado hasta ahora encontrado. Ella –la verdadera educación– no trata de lograr partidarios ni de conquistar adherentes, como las entidades políticas, sociales y religiosas. Por el contrario, la educación está o debe estar únicamente al servicio de la juventud misma, sin otras miras ulteriores. Quiere solamente su mejora, su bienestar moral y material, sin pedir nada por ello.

Los educadores –los maestros y profesores– prescinden o deben prescindir de sus propias ideas en el ejercicio de su profesión en la escuela, el colegio o la universidad, aunque las defiendan en la vida, fuera de aquéllos. Proceden o deben proceder verazmente, objetivamente, desinteresadamente en su labor formadora, educativa. Son así un reflejo de lo que debiera ser el hombre de Estado, el estadista perfecto, que quería Platón para su República, inspirándose solamente en las leyes de la verdad y de la justicia.

La educación llega a ser así el asunto principal y más urgente de la vida del Estado, que no podría subsistir sin ella. Pero de un Estado humano, no totalitario ni autoritario, que reconozca el valor de la personalidad libre, autónoma, un Estado que llene el ideal de Pestalozzi cuando decía: "No queremos la estatificación del hombre, sino la humanización del Estado." Y ésta es la función esencial de la educación, la humanización del Estado y de la Humanidad mediante la formación de la juventud.

2. Función de la juventud

Si en el desarrollo del ser humano la infancia representa la edad de la plasticidad, y la adolescencia, la experimentación y el tanteo, la juventud significa ante todo la etapa de la resolución y de la entrada en la vida. De ahí la gravedad de este momento decisivo, que ha preocupado tanto a los pensadores y educadores. En realidad, el reconocimiento de la juventud como un factor importante en la vida social y pública es un fenómeno relativamente moderno. Comienza en el siglo pasado, con el romanticismo, que concedió a la juventud una significación propia, autónoma, frente a la concepción anterior –la de las pelucas empolvadas– que la consideraba como una etapa transitoria, adjetiva, que había de pasar cuanto antes. Pero sólo en nuestro tiempo la juventud ha alcanzado la consideración espiritual y social que merece.

Psicológicamente, mientras que el espíritu del niño y del adolescente es aún algo vacilante e indiferenciado, el del joven se acusa con rasgos definidos y resueltos. Sin llegar a la rígida estructura de la edad adulta, se percibe ya en la juventud la actitud espiritual que va a ser la directiva de su vida. En su magnífica caracterización de la edad juvenil, Eduard Spranger[5] considera como rasgos propios de ésta, entre otros, el deseo de consideración, el sentimiento social del honor, el deseo de influencia y de poder sobre los demás, los impulsos bélicos, el amor a la libertad, y, en último grado de pureza, el amor a la autodisciplina y la propia estimación dentro del todo social. De entre estos rasgos hay que distinguir algunos más particularmente, como son el sentimiento heroico de la vida, que da a veces una significación trágica a la juventud; el de la liberación o emancipación respecto a la generaciones adultas, con las que se pone en antagonismo, y el espíritu de secesión, de reclusión en sí misma, que puede significar una solución intermedia entre la resignada incorporación a la sociedad de los adultos y la franca colisión con ella.

En esta caracterización sagaz no aparece, sin embargo, bastante acusado un rasgo esencial de la edad juvenil: su capacidad de ilusión y de entusiasmo. Por ella la juventud se ha lanzado siempre a toda clase de aventuras, ha realizado toda clase de sacrificios y ha puesto en movimiento a masas sociales enteras en momentos decisivos.

Pero al mismo tiempo también ha sido arrastrada o utilizada a veces por los adultos más perspicaces o más vehementes. Recuérdese al efecto el papel

5 E. Spranger, *Psicología de la edad juvenil*, Revista de Occidente Argentina, Buenos Aires [Madrid, 1929].

que han desempeñado los jóvenes en las revoluciones y en las guerras civiles.

Sociológicamente, el problema de la juventud en la sociedad moderna no es menos significativo. Según Karl Mannheim,[6] puede resolverse en estas dos preguntas: ¿Qué es lo que puede darnos la juventud?, ¿qué es lo que la juventud puede esperar de nosotros? Para él hay dos tipos de sociedades; una, por ejemplo, la antigua China, en que los más viejos disfrutan de mayor prestigio que los jóvenes; otra, como los Estados Unidos, donde sólo cuenta la gente joven, hasta el punto de considerarse a un hombre de cuarenta años demasiado viejo para obtener un empleo. Las sociedades estáticas de desarrollo gradual y lento se apoyan fundamentalmente en los viejos; en cambio, las sociedades dinámicas, de avances rápidos, se basan en la cooperación de la juventud. Para Mannheim, ésta representa una de las fuerzas latentes de que dispone la sociedad, y de cuya movilización depende su vitalidad. En este sentido viene a ser como las reservas con que cuenta el cuerpo humano para su normal funcionamiento.

Para nosotros, el problema de la juventud es esencialmente el problema eterno de las generaciones. Cada generación nueva, cada nueva promoción juvenil, se encuentra al llegar a la vida social con una serie de ideas e instituciones que no son obra suya y con las que entra en oposición. La nueva generación aspira a cambiarlas, a buscar nuevas formas y nor-

6 K. Manheim, *Diagnóstico de nuestro tiempo*, Fondo de Cultura Económica, México [1946].

mas de vida. No quiere limitarse a desempeñar un papel meramente pasivo, receptivo, sino a ejercer una función original y creadora.

Pero aquí surge la dificultad: ¿de dónde obtiene la juventud las nuevas ideas y orientaciones? Hubo un tiempo en que se habló en Alemania de una "cultura juvenil". Su principal representante fue Gustav Wyneken, que escribió un libro con ese título[7], que yo traduje hace ya muchos años. Pero, en realidad, esa cultura no era más que una transposición de la filosofía hegeliana, y fue formulada por un profesor, es decir, por un adulto. Las ideas, en efecto, son demasiado complicadas para que se puedan inventar rápidamente, y aun los mismos adultos vivimos de las que se han formado hace mucho siglos. No es fácil, pues, que los jóvenes fabriquen una nueva cultura o una concepción de la vida nueva. Pero lo que sí pueden y deben hacer es escoger de la cultura vigente aquellas ideas que contengan más vitalidad, más verdad y más justicia, y tratar de asimilárselas y de realizarlas, con las modificaciones posibles. Y, en cambio, combatir las ideas inertes, inveraces e injustas que se encuentren a la entrada en la vida, hasta llegar a su completo exterminio.

En el fondo, todo progreso social depende del papel que se reserve a la juventud en la comunidad. Si se la relega a último término y predominan en ella los viejos, todo avance se detiene, y la sociedad se hace conservadora, y rígida en su estructura. Entonces puede surgir la protesta violenta de la juventud y llegar hasta el movimiento revolucionario. En cam-

7 G. Wyneken, *Escuela y cultura juvenil*, La Lectura, Madrid [1927].

bio, si se le concede un campo de acción adecuado y se la orienta debidamente, será posible una renovación social, sin convulsiones. En suma, se dejará que se desarrolle libremente el juego de las generaciones.

Pero al reconocerse la función de la juventud en la sociedad, hay que evitar varios peligros. De una parte, es necesario impedir que se la utilice con fines políticos. El ejemplo de lo ocurrido en Alemania es bien elocuente. Antes de la primera guerra mundial se había desarrollado allí un interesante "movimiento juvenil", de carácter romántico, que afirmaba el valor de la juventud frente a los convencionalismos de los adultos. El movimiento representaba ante todo una protesta contra la sociedad alemana de su tiempo, y tuvo una repercusión grande entre los espíritus liberales e independientes. Pero al sobrevenir la guerra –y aun antes de ella– los partidos políticos de todos los matices vieron en ese movimiento una fuerza para sus objetivos y se apoderaron de él, creando sus propias organizaciones juveniles y ahogando así la espontaneidad y vitalidad de aquel movimiento. La juventud se convirtió de este modo precisamente en lo que no quería ser, en un apéndice de la vida de los adultos.

Por otra parte, se puede correr también el riesgo de que el Estado mismo organice sus propias organizaciones juveniles, como ocurrió con los Estados totalitarios, suprimiendo el espíritu de libertad e independencia propio de la juventud. Pero aun sin llegar a estos extremos, cabe que hasta los Estados democráticos, aun con la mejor buena fe, perturben las aspiraciones y organizaciones juveniles. Así ocurrió en España con la F.U.E., la organización universitaria que luchó magníficamente –como ninguna entidad política– contra la dictadura, y que la República quiso favorecer reconociéndola oficialmente, pero que la hizo perder con ello el ímpetu y la vitalidad que poseía anteriormente.

Otro problema interesante es el de la juventud en relación con las clases sociales existentes. Aunque haya en ella una cierta homogeneidad según el principio de las generaciones, también se perciben en su seno oposiciones y diferencias. En algunos países se ha aspirado a salvar estas divergencias estableciéndose una compenetración e inteligencia entre las juventudes obreras y estudiantiles. Así ha ocurrido con la labor cultural y social realizada por los jóvenes universitarios ingleses en los medios más humildes de los trabajadores, con sus *setlements* o colonias sociales, como la famosa de Toynbee Hall, por las cuales han desfilado algunos de los líderes políticos, como el actual presidente del Consejo británico. Sin llegar a este elevado grado de colaboración, algo parecido han realizado los estudiantes en otras partes con el movimiento de la "extensión universitaria". En otros casos, por el contrario, se ha tratado de agudizar las oposiciones entre las clases sociales juveniles, con grave riesgo para la unidad nacional.

Fomentar los antagonismos entre manuales e intelectuales, entre aprendices y estudiantes, es sencillamente absurdo. Unos y otros tienen mucho más que los una que que los separe, tienen más puntos de coincidencia que de divergencia. En caso de lucha, ésta no debería ser entre ellos sino contra los adultos viejos, o envejecidos, que sean un obstáculo para el progreso social y nacional. Lo esencial entre los jóvenes no debe ser la lucha fratricida, sino la comprensión y la integración fraternales.

Esto nos vuelve al tema de la función propia de la juventud en la sociedad moderna. Si, como dice Ortega, cada generación representa un trozo esencial, intrasferible e irreparable del tiempo histórico; si cada generación ejecuta, quiéralo o no, un cambio en la tonalidad general del mundo, la juventud tiene una función especial, y es la de prepararse para desempeñar bien su papel y para reemplazar a las generaciones adultas, antes de que éstas la absorban y la marchiten. Ello quiere decir que la juventud debe iniciarse en la vida social y pública, como tal juventud, es decir, con sus aspiraciones e ideales propios. Ha de hacer el aprendizaje de la vida pública, ha de experimentarla y vivirla por sí misma, antes de llegar a ocupar el lugar que en ella le corresponda después como adultos.

Pero es curioso observar que así como todas las sociedades, desde las más primitivas a las actuales, se han preocupado de preparar a sus mozos para la guerra –desde la iniciación de los efebos hasta el servicio militar obligatorio moderno–, no se han interesado, o se han interesado poco, por organizar una preparación similar para la vida pública. Se considera a los jóvenes aptos para morir por su patria, en guerras organizadas por los adultos, pero no se les confiere ningún privilegio ni capacidad para la vida en tiempos de paz.

Frente a esta situación, parece necesario que el Estado se ocupe más de la vida juvenil en todos sus aspectos y manifestaciones, desde el trabajo y el estudio al ocio y al recreo, pero sin inmiscuirse en su vida espiritual propia. A este efecto, debería favorecer la constitución de sociedades juveniles autónomas, procurándoles los recursos necesarios, lo mismo que hace hoy, pero de un modo parcial, con las sociedades deportivas. Asimismo parece necesario que facilite el acceso a la cultura de los jóvenes más capaces, cualquiera que sea su posición social y política, con un amplio sistema de becas en los centros superiores y universitarios. Finalmente, un requisito obligado de toda organización estatal es facilitar el perfeccionamiento profesional de los jóvenes en instituciones adecuadas.

Por su parte, la gente moza no sólo tiene derechos, sino también deberes específicos. Entre ellos figura la necesidad de estrechar sus filas constituyendo la unidad espiritual y social propia de la generación a que pertenecen. Al mismo tiempo, su participación en la vida pública le impone el deber de una preparación social y profesional lo más completa posible. A este efecto podría ensayar muy bien la constitución de centros o comunidades de trabajo, donde estudie los problemas que más le afectan, oiga a las gentes competentes, realice lecturas y comentarios de las obras pertinentes; en suma, que adquiera o afirme el hábito de la meditación y la discusión razonadas, tan necesarias en estos tiempos.

Finalmente, los adultos conscientes de sus deberes para con las nuevas generaciones, especialmente los profesores y los escritores, están obligados a convivir más con los jóvenes, a interesarse más por sus aspiraciones, a orientarlos en sus problemas y a aconsejarlos en sus dificultades. Todo ello sin caer en sermones tediosos ni tratar de imponer dogmática y autoritariamente sus opiniones. Su misión sería más bien que indicarles un camino, la de ayudarles a que encuentren por sí mismos el propio. Jóvenes y adultos no serían así antagónicos y hostiles, sino más bien complementarios, pues se necesitan recíprocamente. Lo único que cabe hacer es establecer las diferencias necesarias entre los aptos y los ineptos, entre los respetables y los despreciables. Pero ésta es una cuestión de ética y de política que no corresponde tratar aquí, aunque sí podemos decir con el viejo Platón, sin embargo siempre joven, que "nuestra gloria es seguir al superior y mejorar al inferior que es susceptible de mejora".

3. Orientación de la juventud

Aunque el propósito de la juventud de trazarse su propio plan de vida haya de respetarse y aun fomentarse, las circunstancias individuales pueden hacer necesario el consejo ajeno. Pues si la existencia consiste, como dice Heidegger, en "estar en el mundo", en sentirse perdido, náufrago en la vida, el ser juvenil tiene que ser ayudado, orientado, para descubrirse a sí mismo, para encontrar el sentido de su existencia auténtica.

En el vocablo "orientación" se halla inserto el significado de toda acción educativa ya que la educación es, sobre todo, una obra de orientación y de guía. Pero en aquélla se trata de algo más concreto y específico. Mientras que la educación se refiere a la formación del carácter y de la personalidad en general, la orientación aspira a aconsejar y ayudar en circunstancias determinadas, en casos especiales e individuales. Esto no quiere decir, sin embargo, que la orientación sea una acción fortuita y momentánea, sino que, por el contrario, es una función regular para la cual se requiere una preparación y métodos especiales. De aquí el desarrollo que ha adquirido el movimiento de la orientación en la vida y la educación modernas.

El problema de la orientación juvenil ha surgido de las dos raíces esenciales de la vida humana: la individual y la social. Desde el punto de vista individual, la orientación trata de ayudar a resolver las dificultades y los problemas que se presentan al ser inmaduro en su vida personal, sean éstos de orden económico, intelectual, moral o estético. Es cierto que la función de guía y consejo la han desempeñado siempre los padres, los maestros, los tutores y hasta los amigos. Pero también lo es que esta misión la han realizado, generalmente, de un modo azaroso y empírico. Se trata ahora de elevarla a la categoría de una función regular y científica, basada en conocimientos psicológicos, sociológicos y pedagógicos. Cuando, por ejemplo, un muchacho presenta una cuestión relacionada con su vida sexual, cuando surgen problemas concernientes a la elección de estudios, cuando aparecen dudas de carácter intelectual o moral, cuando se trata de la elección de un oficio o profesión, las respuestas no pueden improvisarse, ni dejarse en manos inexpertas.

Por otra parte, la estructura de la sociedad actual no presenta la rigidez y uniformidad de tiempos anteriores, sino que está sometida a cambios frecuentes y radicales, que exigen una capacidad mayor de iniciativa y adaptación. Lo que antes constituía una ordenación social, estable, por la cual los hijos seguían, generalmente, el oficio o profesión de los padres, ha perdido hoy su vigencia. Asimismo, la diversificación y especialización de las actividades, el cambio constante de los instrumentos de producción, de transporte y consumo, y, sobre todo, la creciente industrialización han obligado a una preparación técnica, que antes se realizaba en la misma profesión u oficio. Finalmente, la modificación de ciertas condiciones sociales anteriores, como la obediencia absoluta a los padres, la disciplina rigurosa de la escuela y la permanencia en un medio fijo, han cambiado la situación de las nuevas generaciones y han aumentado las posibilidades de su desorientación y extravío, haciendo más necesarios la ayuda y el consejo del experto.

De estas fuentes ha surgido el movimiento de la orientación juvenil en sus diversos grados y aspectos, que van desde la infancia a la madurez, desde la vida económica a la intelectual y la ética, y desde el ser normal al atípico y anormal.

Originariamente, el problema de la orientación ha comenzado por la vida profesional y económica, a la cual se ha limitado durante algún tiempo. Como es sabido, la orientación profesional o vocacional trata de aconsejar en la elección de una profesión u oficio en vista de las condiciones peculiares de la persona en cuestión. Para ello, se la somete a una serie de pruebas o tests psicológicos, se le proporciona la información necesaria sobre los oficios o profesiones para los que parece más apta y se la pone a practicar en aquel para el que resulta más adecuada. De esta forma, la orientación profesional se ha desarrollado hoy tanto que constituye una de las ramas esenciales de la vida económica moderna. Con ella se trata también, en efecto, de evitar la pérdida de tiempo y esfuerzo que supone la adaptación a una profesión para la que no se poseen aptitudes. Y en este sentido, se halla asimismo relacionada con la reeducación profesional, que aspira a la adaptación del sujeto a nuevas actividades en vista del cambio de las circunstancias personales o sociales.

Otro de los aspectos del movimiento de la orientación son los problemas de la conducta anormal, las irregularidades o perturbaciones de la vida ética. Por una circunstancia curiosa, aunque explicable, el estudio y tratamiento de las anormalidades ha resultado siempre de gran provecho para la vida y educación del ser normal. Así ha ocurrido que dos grandes innovadores de la educación infantil de nuestro tiempo, el Dr. Decroly y la Dra. Montessori, comenzaron con niños anormales la aplicación de sus métodos. De igual modo, cuando se inició el estudio sistemático de las irregularidades de conducta se encontró multitud de casos y métodos que han facilitado la orientación y educación ordinarias. El niño habitualmente mentiroso, agresivo, desordenado, holgazán o ratero, no es un ser radicalmente anormal, sino que sus defectos constituyen una acentuación o exageración de actos peculiares del niño normal. De aquí que se haya llegado a suprimir hoy toda idea del "delito infantil" y del "niño delincuente", con su obligado acompañamiento de los tribunales y jueces de menores, reformatorios, etc. Su lugar lo han ocupado las "clínicas de conducta" o "clínicas de orientación" infantiles, en las que un personal competente de psicólogos, psiquiatras, educadores y colaboradores sociales estudian y tratan estos casos de patología moral. Las clínicas de conducta u orientación no se han limitado, sin embargo, a los casos extremos de irregularidad moral, limítrofes con la delincuencia en el sentido tradicional, sino que su acción se ha extendido a todos los casos de conflictos o dificultades emocionales, afectivos, morales, que, por su delicadeza y complejidad, escapan al tratamiento educativo ordinario. De aquí que estas clínicas hayan alcanzado un desarrollo tan grande en muchas partes, y en especial en los Estados Unidos, donde constituyen una parte integrante de todo sistema educativo.

Pero la orientación no se reduce a la vida profesional y a la conducta moralmente irregular. Su aspecto más antiguo y conocido se refiere a la orientación intelectual. En todo tiempo, en efecto, la educación ha tenido en cuenta las diferencias mentales individuales y ha tratado de acomodar a ellas sus métodos y procedimientos. Ya Montaigne decía:

"Aquellos que, como nuestro uso tiene por hábito, aplican idénticas pedagogías y procedimientos iguales a la educación de entendimientos de diversas medidas y formas, engáñanse grandemente: no es de maravillar si en todo un pueblo de niños apenas se encuentran dos o tres que hayan podido sacar algún fruto de la educación recibida." Y Luis Vives había dicho certeramente antes: "Cada dos o tres meses se reunirán los maestros para juzgar las aptitudes de sus alumnos, resolviendo con paternal cariño y juicio severo adónde deben dirigir a cada cual en vista de su aptitud diferente."

Sólo que lo que se hacía antes de un modo empírico, por aproximación y tanteo, se aspira, en nuestro tiempo, a realizarlo científicamente. Así surgió, con Binet y Simón, al principio del siglo, el movimiento de los tests o pruebas mentales, encaminados a determinar de un modo preciso el nivel mental y las aptitudes intelectuales de los niños. Pero este mismo procedimiento, a pesar de sus ventajas, no se ha encontrado educativo, por su carácter momentáneo que hace bastante problemático el diagnóstico. De aquí que, en la misma patria de aquéllos, se ensayara poco antes de la última guerra, por un ministro del I. P. competente, M. Jean Zay, otro procedimiento interesante, constituido por las llamadas "clases de orientación". Éstas se organizaron en los liceos y colegios de segunda enseñanza y en ellas permanecían un año los alumnos que aspiraban a ingresar en aquéllos. Durante ese tiempo eran enseñados y estudiados por miembros de la enseñanza primaria y secundaria, y en vista de su dictamen se determinaba y aconsejaba el género de estudios para el que parecían más capaces, fueran humanistas, científicos o técnicos. Como decía M. Zay al contestar a las críticas que se dirigieron a su reforma: "En el momento en que un niño va a emprender uno de los caminos del segundo grado (la enseñanza secundaria) y, por consiguiente, hacia un cierto fin humano y social, en vez de dejar solamente a la clarividencia de los padres el cuidado de decidir su porvenir, ¿no es conveniente que la universidad, sin tocar en nada la libertad de los padres, les permita, sin embargo, ejercerla en vista de algunas informaciones indispensables sobre las aptitudes del niño, bien entendido, informaciones también sobre las posibilidades sociales, sobre las salidas futuras?" La reforma, a pesar de la brevedad del ensayo y de la resistencia que encontró por parte de los elementos tradicionalistas, produjo excelentes resultados, y después de la guerra ha sido sostenida y ampliada.

Un tipo de orientación semejante se ha realizado en la enseñanza superior de los Estados Unidos, con los cursos especiales de orientación para los aspirantes al ingreso en las universidades. Dada la gran flexibilidad y riqueza de sus estudios, es muy difícil la elección de las materias para los muchachos que acaban de dejar la *high school* y el colegio. Para ayudarles a vencer sus dificultades, las universidades norteamericanas han organizado cursos breves de orientación en los que, durante unas semanas, se exponen los planes y finalidades de cada grupo de enseñanzas y se aconseja a los estudiantes aquéllas para las cuales parecen más adecuados. Así se han evitado las pérdidas de tiempo que suponen las rectificaciones y cambios en los planes de estudio y en el trabajo intelectual de los estudiantes.

Con esto no se agotan, sin embargo, todas las posibilidades y realidades de la orientación juvenil. Queda aún la esfera más amplia de la orientación vital, personal, en la que los problemas son más complejos y delicados, ya que afectan a la raíz misma de la individualidad. Para esto no caben medidas u organizaciones generales, pues cada individuo constituye un problema peculiar. Sólo el tacto y la discreción del ser adulto experimentado puede resolver esos problemas en cada caso particular. Sin embargo, aun dentro de esta esfera de lo personal, se ha encontrado una solución excelente y es la que se aplica en las clásicas universidades inglesas de Oxford y Cambridge, mediante el llamado "sistema tutorial", por el cual todo alumno está encomendado al cuidado de un profesor que le aconseja y le orienta durante toda su carrera universitaria no sólo en sus estudios, sino también en sus problemas y dificultades personales. De este modo, el estudiante no se siente desamparado, desorientado, y en todo momento encuentra el apoyo que necesita, sin sentir tampoco la intromisión no solicitada del adulto en su vida. El sistema inglés ha tenido tal éxito que ha sido adoptado por gran número de universidades norteamericanas, especialmente por las de mayor prestigio.

Tales son algunos de los ensayos y aplicaciones realizados en el vasto campo de la orientación juvenil. El denominador común a todos ellos no es la generalización o la imposición de ideas ajenas, sino el respeto a la individualidad del joven, su estudio u orientación especiales. En la esfera de la orientación como en la de la educación no hay, en efecto, "términos medios", sino casos individuales. Por otra parte la mejor orientación no es aquella que se limita a un aspecto concreto, determinado, de la individualidad, sean el intelectual, el profesional, o el ético, sino la que abarca la personalidad total, global del ser juvenil. Finalmente, hay que tener en cuenta que en la orientación, el sujeto no debe guardar una actitud pasiva, no puede ser un mero receptáculo de ayudas y consejos ajenos, sino que ha de participar activamente en ella. Su educación es ante todo autoformación, la orientación es también autodirección. El consejo y la ayuda ajenos son más que nada motivos, estímulos, para la formación o reformación propia. En último término, la educación y la orientación sólo son y deben ser "auxilio para el propio auxilio", como decía Pestalozzi.

4. Formación de la juventud

El fenómeno más general y sorprendente de la educación de nuestro tiempo es acaso el enorme impulso que, como una marca incontenible, arrastra a masas enormes de la sociedad hacia niveles cada vez más altos de cultura. Este movimiento ascendente ha coincidido con la elevación creciente de las masas populares a marcas económicas y sociales superiores, y se ha realizado particularmente desde comienzos del siglo, y sobre todo desde la terminación de la primera guerra mundial. Una manifestación de él fue la sucesiva ampliación, en los países rectores de la cultura occidental, del límite superior de la escolaridad, desde los 10 ó 12 años del siglo último hasta los 15 ó 16 del nuestro.

La ampliación de la obligación escolar no se ha limitado, sin embargo, a los grados primarios, elementales de la educación, sino que ha incluido también a la enseñanza media secundaria, hasta el punto de que ésta se ha convertido ya prácticamente, o está en camino de serlo, en una educación tan general como lo fue la primaria en el siglo pasado.

Unas pocas cifras revelarán lo que significa esa marea avasalladora, por ejemplo, en los Estados Unidos. Mientras que en 1870 el número de los alumnos inscritos en las escuelas secundarias (*high schools*) era de 80.000 tan sólo, en 1940 llegó a la cifra astronómica de 7.000.000; lo cual representa que, mientras la población general del país aumentó sólo tres veces desde aquella fecha, la de las escuelas secundarias lo ha hecho noventa veces: Así se da el caso de que en la actualidad, de cada seis jóvenes norteamericanos sólo uno deja de asistir a la escuela secundaria, que comprende generalmente de los 14 a los 18 años.

Pero el movimiento ascendente no se ha detenido en la enseñanza media, sino que ha llegado hasta la enseñanza superior, aunque, naturalmente, en menor proporción. Así, mientras que en 1870 el número de los alumnos de ésta no pasaba de 60.000, en 1940 llegó a 1.500.000, es decir que ha aumentado casi treinta veces. Y para colmar la medida, en la actualidad con la vuelta de los veteranos de la última guerra y con las facilidades económicas que se les ha proporcionado, los alumnos de las universidades han *duplicado* el número de los inscritos antes de aquélla, creando así numerosos y graves conflictos respecto a profesores, locales y planes de estudio. Baste decir que para acomodar a esos alumnos casi todas las universidades han tenido que utilizar los barracones empleados en la guerra.

Un fenómeno parecido, aunque no tan intenso, se ha observado también en Inglaterra y en Rusia. En cuanto a aquélla, ya he tratado en otra ocasión[8] de la ley Butler, de 1944, que ha prolongado la edad escolar hasta los 15 y los 16 años, y que al aplicarse en su totalidad hará obligatoria la educación secundaria por primera vez en el mundo. Respecto a Rusia, antes de la guerra había comenzado ya el movimiento de elevación cultural con la implantación de la "escuela unificada del trabajo", que comprende desde los 7 a los 17 años, por lo menos en las grandes ciudades.

Ahora bien, esta creciente ampliación de los límites de la educación en relación con la edad ha planteado varios graves problemas. Mientras que la educación secundaria era, como en el siglo último, patrimonio de la clase media y superior, su finalidad fue bien clara: preparar para el ingreso en la enseñanza universitaria. Para ello servían principalmente los estudios humanistas, ampliados después con los científicos y comprobados mediante una selec-

8 Véase L. Luzuriaga, *Reforma de la educación*, Losada, Buenos Aires, 1945.

ción por exámenes más o menos rigurosos. Así ocurrió con el Liceo francés, con el Gimnasio alemán, con la *High School* norteamericana y con la *Public School* y la *Secondary School* inglesas. Pero cuando, como ocurre en la actualidad en los países rectores, la educación secundaria se extiende a todas las clases sociales llegando hasta las capas más profundas y extensas de la población, ya no basta aquella finalidad preparatoria, sino que tiene que incluir otros objetivos más vastos, aunque sin descuidar, para la minoría intelectual, la finalidad universitaria.

De aquí que en los espíritus más destacados de nuestro tiempo haya surgido la preocupación de reformar la estructura de la educación secundaria y superior conforme a las nuevas necesidades. Y a esta preocupación responde al estudio realizado por un comité de profesores de la Universidad norteamericana de Harvard.[9]

Uno de los problemas esenciales de la educación contemporánea es la división que se establece de ordinario entre la formación general, humanista, cultural, y la preparación especial, profesional y técnica. A la hora actual existen en efecto en la educación media dos clases de instituciones escolares: unas que sirven para la preparación universitaria y otras que son sólo técnicas y profesionales. Aunque la población secundaria y universitaria ha perdido gran parte de su anterior carácter exclusivo, burgués, es evidente que aún conserva en muchos países un carácter minoritario, mientras que en la téc-

9 "*General Education in a Free Society*", Report of the Harvard Commitee, Harvard University Press, 1945.

nica predomina la masa general.

La solución a este problema está en conciliar la educación general, cultural, con la especial y profesional, y en hacer que ambas sean accesibles a todos los que tengan aptitudes para cada una de ellas. No se trata, pues, de suprimir ninguno de estos dos aspectos de la educación, sino de evitar que sean exclusivos y antagónicos. Se trata más bien de impedir que siga prevaleciendo la concepción aristocrática, helénica, de la división en una educación liberal y cultural y otra de carácter económico y profesional, y de que una u otra se asignen a determinadas clases sociales.

La única división que cabe introducir en la educación de una sociedad bien organizada es la que nace de la diferencia de las aptitudes, por una parte, y de las necesidades sociales, por otra. Todo el mundo no es, en efecto, apto para todo; unos lo son para las letras y otros para la mecánica, unos para las ciencias y otros para las artes. De aquí la necesidad de una selección y una orientación que encaminen a cada uno al género de educación que le corresponde, independientemente de su posición económica y social. Por otra parte, la complejidad de las actividades profesionales actuales y la creciente dificultad de la vida económica e industrial exigen una preparación técnica cada vez mayor. El trabajo que realizaba antes el peón o el obrero indiferenciado lo tienen que llevar a cabo hoy en la mayor parte de las industrias trabajadores especializados. Y aún se acentúa más esto en las tareas directivas profesionales.

Pero esta especialización de nuestro tiempo no puede realizarse debidamente sin un fondo de cultura general, sin un saber en ciencias, letras y artes, sin conocimientos sociales e históricos, sin una visión general de la vida y el mundo. De aquí que la solución esté acaso en organizar la educación secundaria o media, de modo que, sobre una base común, cultural, general, se diversifiquen, como las ramas que salen de un tronco, los diversos aspectos especiales: científicos, literarios, técnicos y artísticos, los cuales, sin embargo, no deben perder nunca la savia cultural, humanista, del tronco común.

Así la educación del obrero, del trabajador, del técnico medio, tendrá la misma base general que la formación del universitario, médico, ingeniero, abogado, etc., diferenciándose solamente por la intensidad y especialización ulteriores. Así sería también posible que los más aptos llegaran a los grados superiores de la enseñanza, facilitándose el acceso a ella con un amplio sistema de becas y subsidios de estudios. Con ellos ganarían no sólo los propios interesados, sino también la sociedad a que pertenecen.

Ahora bien, estas consideraciones generales no pueden aplicarse sin más en todo momento y en todo país, sino que necesitan adaptarse a las condiciones particulares del lugar y del tiempo. Así, en los Estados Unidos, el problema no estriba en facilitar el acceso a la enseñanza media y superior, que ya está, como hemos dicho, prácticamente resuelto, sino en buscar fórmulas conciliatorias de las dos tendencias antes indicadas, la general o liberal y la especial o profesional, que a veces aparecen en marcada divergencia, aunque se suelen cultivar en la misma institución, la *high school,* y no en instituciones diferentes, como ocurre en otros países. Esta coincidencia o simultaneidad se facilita allí por el sistema de elección de materias que queda entregada con ciertas condiciones a los mismos alumnos, y por la libertad de que disfrutan las escuelas para la preparación de sus planes de estudios.

Pero, a pesar de esta libertad de elección, que permite enseñar y aprender, por ejemplo, agricultura y electrotecnia al mismo tiempo que las materias humanistas, existen todavía ciertas preferencias y antagonismos que trata de salvar el informe de la comisión citada, proponiendo un mínimo de obligatoriedad de materias de uno y otro género, es decir, haciendo que todo alumno con preferencias técnicas deba estudiar algunas materias culturales, y viceversa, que todo alumno de inclinaciones humanistas deba cultivar algunas materias especiales, dentro siempre de un amplio margen de elección.

Tratándose de una universidad predominantemente humanista, como lo es la de Harvard, para ella la base de toda educación secundaria tiene que ser de este tipo. Así lo afirma su rector, James Bryant Conant, al decir que “el corazón del problema de una educación general es la continuidad de la tradición liberal y humanista”. Para él “ni la mera adquisición de información, ni el desarrollo de destrezas y talentos particulares, pueden proporcionar la amplia base de comprensión que es esencial si se ha de conservar nuestra civilización”. Por su parte, el Comité confirma esta opinión al manifestar que la “preocupación norteamericana es la introducción de la tradición liberal y humana en todo nuestro sistema educativo. Nuestro propósito es cultivar en el mayor número de nuestros futuros ciudadanos un sentido de las responsabilidades y de los beneficios que lleguen a ellos porque son norteamericanos y porque son libres".

A este mismo espíritu de la aristocrática Universidad de Harvard responde la política democrática del partido laborista inglés, el cual hace ya cerca de veinte años lo hizo suyo por boca de su líder pedagógico B. H. Tawney, al pedir "la educación secundaria para todos",[10] y al afirmar que la finalidad de ésta, comparada con la de la enseñanza técnica, "no es el cultivo intensivo de alguna aptitud particular, sino asentar firmes fundamentos para un programa lo suficientemente amplio en extensión para evitar una injusta limitación de perspectiva y lo suficientemente variado en carácter para despertar intereses latentes y capacidades dormidas. Ha de ser, en suma, liberal en espíritu".

Estas consideraciones llevan, pues, a la conclusión de que en la educación ampliada, es decir en la posprimaria y secundaria, no deben predominar las finalidades técnicas y profesionales, sino que más bien han de estar subordinadas a, o en todo caso coordinadas con, las generales y culturales. La forma en que haya de realizarse esto ha de resolverse en cada país conforme a sus necesidades peculiares, pero en todo caso nunca habrían de hacerse en una forma rígida y uniforme, sino siempre con un carác-

10 Véase R. H. Tawney, *La segunda enseñanza para todos*, trad. de L. Luzuriaga, Publicaciones de la Revista de Pedagogía, Madrid [s. a.].

ter amplio y elástico, acomodado a las circunstancias locales y a las condiciones personales. Lo demás es caer en el centralismo burocrático, que tanto daño causa a la enseñanza en todas partes.

IV
Crítica de la educación

1. Los exámenes examinados

Uno de los temas de mayor interés en el mundo universitario es, sin duda, el de los exámenes. Prescindiendo de su significación local podemos aprovechar la oportunidad para, a su vez, examinarlos.

Los exámenes son tan viejos como la enseñanza universitaria misma: comenzaron en las escuelas y colegios medievales. Pero siempre y en todas partes han suscitado las críticas de los pensadores y educadores más avisados. Huarte de San Juan, el humanista vasco, realizó ya en el siglo XVI una de ellas en su *Examen de ingenios,* en el cual –decía su título– "el lector hallará la manera de su ingenio para escoger la ciencia en que más ha de aprovechar, la diferencia de habilidades que hay en los hombres y el género de letras y artes que a cada uno corresponde en particular". Este enunciado dice ya con tres siglos de la orientación psicológica y pedagógica actual.

¿Cuál es el sentido y el valor de los exámenes? ¿Cuál es su finalidad? En lo esencial, no son más que la medida del saber o la determinación de la capacidad de los alumnos respecto a una materia o a una situación determinadas. Son, pues, ante todo, un medio, un instrumento de medida, como lo es el metro para el mundo físico. Pero el problema está en que el mundo mental no se puede medir con la misma facilidad que el corpóreo; no se mide lo mismo la talla o altura de un individuo que su inteligencia o su saber de historia por ejemplo. Y de aquí ha nacido la diversidad de opiniones y criterios existente. ¿Qué se va a medir o examinar, el saber y el conocimiento aprendidos o la capacidad para adquirirlos? ¿La pura repetición mecánica de conceptos o la facilidad para formarlos? ¿La memoria pasiva o la aptitud para resolver situaciones nuevas? Como es sabido, los exámenes tradicionales sólo atienden a la parte receptiva de lo adquirido, a la repartición más o menos mecánica de lo oído en clase o de lo aprendido en los libros, o, lo que es peor, en los apuntes de clase.

Por otro lado, los exámenes han llegado a convertirse, de puros medios, en fines que determinan el régimen de la enseñanza y de los establecimientos docentes mismos. Todo está subordinado a ellos: los planes de estudio, los programas, los horarios, las explicaciones y hasta la vida de los alumnos. En realidad, la mayor parte de nuestras universidades no es más que una fábrica de exámenes. Los alumnos no asisten a las clases que no les sirven para el examen, y los profesores organizan aquéllas en vista de éste. La gravedad se acentúa cuando se aproximan los períodos de exámenes tan frecuentes en las universidades nacionales, y que son la ruina de su enseñanza, cuando no de la salud de sus alumnos.

En los últimos tiempos han sido muchos los profesores que han pedido la supresión de los exámenes por considerarlos antipedagógicos. Pero sin llegar a este extremo de los educadores avanzados, cabría desde ahora adoptar una serie de medidas para hacerlos más eficientes o al menos no tan nocivos.

De los exámenes se pueden hacer dos grandes grupos: el de los tradicionales, por materias, y el de los modernos, por la aptitud de los alumnos. Aquéllos, a su vez, se pueden dividir en tres clases: los orales, los escritos y los prácticos. En las universidades nacionales predominan los orales, que son los peores de todos, pues tienden a favorecer la repetición memorística. Por otra parte, dado su carácter casi instantáneo y de azar, suelen desconcertar al alumno por sus factores emocionales: excitación, inhibición, cortedad, laxitud, etc. Finalmente, puede intervenir grandemente en ellos la simulación: la facilidad de palabra puede confundirse con la posesión de conocimientos y, viceversa, la dificultad de expresión, con la ignorancia.

Por ello se aspira hoy en casi todas partes a sustituir los exámenes orales por los escritos, los cuales, al dejar al alumno más tiempo para la reflexión, evitan los factores emotivos. Al mismo tiempo, son una mejor medida, no sólo de los conocimientos poseídos, sino también de la capacidad intelectual. Por último, contribuyen a desarrollar más ese poderoso medio de expresión que es la comunicación escrita. Así ocurre que los universitarios de los países en que éstos predominan, como Francia e Inglaterra, escriben mucho mejor que aquéllos en cuyos establecimientos docentes no se realizan exámenes escritos. También estos exámenes tienen, sin embargo, sus inconvenientes, pues la facilidad de expresarse por escrito puede no estar en relación con los conocimientos que se poseen, y viceversa. Pero con todo, estos exámenes son muy superiores a los orales. Y lo mismo, y aún más, puede decirse de los prácticos, muy poco realizados, pero que acaso son los mejores de todos.

Unos y otros exámenes tienen además un inconveniente grave: la dificultad de encontrar un juicio unánime o uniforme entre los examinados. Se ve, en efecto, con mucha frecuencia que el mismo trabajo es juzgado de distinta manera por los examinadores, los cuales aprecian en él condiciones diversas y dan origen a diferentes calificaciones. Así, por ejemplo, en una encuesta internacional realizada con los auspicios del *Teachers College* de Columbia University, dirigida por el doctor Paul Monroe, los investigadores ingleses encontraron que los trabajos escritos de historia en una reválida de escuela secundaria recibieron cuarenta y tres puntuaciones diferentes de catorce examinadores, y en la versión de un texto latino se realizaron veinticuatro calificaciones diversas por seis juzgadores (desde veinte a cincuenta puntos). En un examen universitario superior de matemáticas, el trabajo de un candidato recibió 132 puntos de un examinador, 123 de otro, 186 de otro y 177 de otro. Pero se da también frecuentemente el caso de que un mismo examinador califique de modo diverso el mismo trabajo en distintas ocasiones. Falta, en suma, un criterio fijo, objetivo, que ofrezca garantías de acierto.

Para remediar estos inconvenientes de los exámenes tradicionales se han desarrollado en los últimos decenios los llamados exámenes psicológicos, que en lo esencial consisten en una serie de tests o pruebas para determinar el desarrollo mental. Como es sabido, la medida generalmente empleada hoy es el "cociente intelectual" (C. I.), o sea la relación entre la edad mental y la edad cronológica. Este examen, sin embargo, no se aplica de ordinario más que con los alumnos de las escuelas primarias, en donde no se realizan ya casi nunca los exámenes tradicionales de contenido, pues es un crimen de lesa humanidad someter a los niños a esa tortura. En las instituciones secundarias y universitarias se emplean cada vez más los exámenes de rendimiento (*achievement test*), por los que se trata de medir el grado de saber o de desarrollo cultural alcanzado por los alumnos en una forma objetivamente mensurable y estandardizada.

Los tests o pruebas de rendimiento son muy numerosos, y sobre ellos existe una considerable bibliografía. Pero pueden citarse, como ejemplo, los siguientes: a) los de respuestas alternativas, en los que los examinados deben determinar la veracidad o la falsedad de una afirmación o la corrección de una solución que se les presenta; b) los tests de elecciones múltiples en los que aquéllos deben determinar la respuesta exacta a diferentes opcionales sugeridas; c) los tests de apareamiento (*matching test*), en los que los temas de una columna deben aparejarse con los de otra por un criterio superior; d) los tests de respuesta libre, los de complementación, los de semejanza y oposición, los de "verdadero y falso" y otros muchos más, algunos de los cuales han llegado ya hasta las columnas de los periódicos y revistas.

Naturalmente, los tests psicológicos y los objetivos no se han adoptado con carácter exclusivo en los colegios y facultades universitarias, sino que, por lo general, sirven de complemento y comprobación de los exámenes de contenido. Pero revelan la creciente atención que se presta al problema del juicio y de la medida de las condiciones psíquicas, por lo general tan poco consideradas en los exámenes tradicionales.

Pero aparte del carácter de los exámenes mismos está el problema de su organización, de la forma de realizarlos. La tendencia general en la actualidad es reducir su número al mínimo posible. Para ello, se trata de reunirlos, por materias afines, en grupos más o menos homogéneos. Así en historia se agrupan los de la literatura, el arte, la cultura, etcétera, de una época determinada: en ciencias se reúnen las diversas partes de las matemáticas, de la física, de las ciencias naturales, en temas de conjunto. Al mismo tiempo se trata de suprimir la solemnidad con que suelen celebrarse en algunas partes con mesas o tribunales examinadores compuestos por varios profesores, prefiriéndose que sea un solo profesor, el de la materia, el que examine. Finalmente, se quiere que en el acto del examen se tengan en cuenta los antecedentes de los alumnos, en vista de los trabajos realizados durante el curso y que el profesor ha ido calificando periódicamente.

Pero no es sólo el aspecto intelectual el que debe tenerse en cuenta en el juicio, sino la conducta total del alumno, su aprovechamiento, su interés por el trabajo, las condiciones de su vida personal, en suma, su personalidad total. Para ello no basta el examen instantáneo, sino que es necesario el registro, en fichas adecuadas, de toda su carrera, desde la escuela primaria a la universidad. Y, a su vez, se requiere que los profesores se consagren enteramente a la enseñanza y no consideren a ésta como algo accesorio, así como que se multiplique el número de los colaboradores del profesor titular con instructores ayudantes, auxiliares, en íntimo contacto también con los alumnos.

Aparte de estos exámenes quedan por su carácter especial los llamados en algunas partes "exámenes de Estado", que capacitan para el ejercicio profesional de la medicina, la abogacía, la ingeniería, etc., una vez terminadas las carreras respectivas. Estos exámenes, por la responsabilidad que suponen, se realizan con gran rigor y objetividad, y acaso debiera estudiarse su aplicación por las garantías que representan para el público.

Como ejemplo de una posible solución a las condiciones de los exámenes actuales voy a citar una experiencia reciente. En 1931 y 1932, bajo la República Española, se procedió a transformar radicalmente el régimen de la Facultad de Filosofía y Letras de la Universidad de Madrid, que había recibido su autonomía siendo rector de ésta Claudio Sánchez Albornoz y decano de aquélla el malogrado Manuel García Morente. Entonces se suprimieron dos grandes males que afectaban a la enseñanza universitaria española: la multiplicidad de exámenes por asignaturas y la inflexibilidad de los planes de estudio. Aquéllos fueron sustituidos por dos pruebas de conjunto en toda la carrera y una de ingreso, que podía cambiarse por un año preparatorio. Así los 20 ó 30 exámenes anteriores quedaron reducidos a dos, o a lo sumo a tres: uno de ingreso, otro intermedio y otro final. Éstos podían realizarse en cualquier momento, con la única condición de que los alumnos estuvieran tres años, como mínimo, matriculados en la Facultad después del ingreso, y uno en cada una de las materias elegidas para el examen final.

Los exámenes constaban de pruebas orales y escritas. En las del examen intermedio –realizado por lo general después de dos años de ingreso–, aquéllas tenían por fin determinar el grado de cultura literaria, filosófica e histórica de la Facultad. Las escritas consistían en una versión latina de un texto clásico, con ayuda del diccionario y la gramática, y otra versión griega o árabe en las mismas condiciones. Las orales, en contestar a preguntas sobre filosofía, historia, literatura e historia del arte de un cuestionario de carácter muy amplio. En las pruebas del examen final –generalmente también después de dos años del intermedio– se trataba de precisar los conocimientos y la formación intelectual indispensables para el aspirante al título de licenciado (profesor), pero ya en forma especializada, según las diversas licenciaturas elegidas (filosofía, historia clásica, filología semítica, historia antigua, historia medieval, historia moderna, filología moderna y pedagogía, más el certificado de archivero-bibliotecario, de tanta importancia en España).

Los alumnos tenían libertad de elección de las materias de estudio de la carrera según sus gustos y aptitudes, y no estaban obligados tampoco a seguir un orden de prelación en ellas. Por otra parte, la supresión de los exámenes parciales desterró todo género de coacción exterior. Se pensará que el paso a esta libertad iría en detrimento de la cultura y la formación intelectual de los alumnos. Pues ocurrió precisamente lo contrario. Jamás estudiaron aquéllos más que con este régimen de libertad, y nunca tuvieron mayor interés por sus clases y trabajos. Claro es que a ello coadyuvó también el espíritu y la acción de los profesores, que convivían con los alumnos, los orientaban en sus estudios, les aconsejaban en sus lecturas y hasta les acompañaban en las horas de sus comidas, de sus excursiones y de sus diversiones. Aunque la asistencia a las clases era naturalmente voluntaria –a diferencia de la anterior, obligatoria– nunca estuvieron aquéllas –al menos las de los buenos profesores– más concurridas, ni más frecuentadas la biblioteca y la sala de lectura. Y el rendimiento de los nuevos exámenes generales fue infinitamente superior al de los parciales antiguos: los alumnos sabían más, y lo que es más importante pensaban mejor que con el régimen abolido. Todo ello en el marco espléndido de la Ciudad Universitaria y de las clases e instalaciones claras y soleadas de la Facultad, que, en verdad, era un ensueño.

Esta experiencia no fue, naturalmente, una improvisación sino el fruto de una larga labor que comenzó hacia el año 50, con las críticas y trabajos de los profesores krausistas, y en particular de don

Francisco Giner de los Ríos, quien durante toda su vida trabajó contra el sistema de exámenes vigente a la sazón. Así, en el ensayo "O educación o exámenes" aparecido en su *Pedagogía universitaria*, decía estas expresivas palabras: "Si por examen se entendiese la constante atención del maestro a sus discípulos para darse cuenta de su estado y proceder en consecuencia, ¿quién rechazaría semejante medio, sin el cual no hay obra educativa posible? Pero justamente las pruebas académicas a que se da aquel nombre constituyen un sistema en diametral oposición con ese trato y comunión constante."

Así nos encontramos, al terminar estas líneas, con las mismas observaciones de Huarte con que las comenzamos. En la educación lo esencial, parece extraño decirlo, es educar, y lo accesorio, examinar. Pero en el caso de tener que hacerlo, no hay nada que sustituya al trato directo de alumnos y profesores, a la observación constante, a la orientación y guía afectuosas, a la colaboración permanente. Lo demás es pura escenografía y bastante nociva, por cierto.

2. Bernard Shaw y la educación

Por una feliz circunstancia, no exenta de ironía, la función al parecer tan humilde de la educación se ha visto favorecida en todo tiempo por la meditación y las obras de los nombres más ilustres del pensamiento humano. No hay más que recordar al efecto lo que han significado las aportaciones pedagógicas de figuras tan destacadas en el horizonte intelectual como Sócrates, Platón y Aristóteles en la antigüedad clásica; Erasmo, Vives y Montaigne en el Renacimiento humanista, y Locke, Rousseau, Kant y Fichte en los tiempos modernos, sin hablar de los pensadores geniales estrictamente pedagógicos como Pestalozzi y Froebel.

Pero aún en nuestra época de creciente especialización, han proseguido esta tradición otros pensadores y escritores, que se han ocupado insignemente de la educación en sus escritos. Nombres como los de Dilthey y Spranger, Scheler y Simmel, John Dewey y Bertrand Russell forman una brillante constelación cuyas ideas han iluminado la educación de nuestro tiempo, con bastante más claridad por cierto que las de algunos profesores universitarios para quienes la educación es sólo algo infantil, sin percibir que en realidad son ellos los mentalmente pueriles.

Entre los últimos representantes ilustres de la tradición literaria educativa se ha destacado notablemente Bernard Shaw, quien, haciendo honor a su carácter paradójico, ha resultado ser uno de los mayores educadores contemporáneos, no sólo por la influencia literaria, inintencional, que su obra, como la de todos los grandes escritores, ha ejercido sobre el público, sino también por sus ideas específicas acerca de la educación. Esta preocupación pedagógica de Bernard Shaw se ha manifestado en varias de sus obras, especialmente en el prólogo a *Padres e hijos*, a su *Mesaliance*, y últimamente en su magnífica *Guía política de nuestro tiempo*,[11] traducida hace poco al castellano y que revela toda su plenitud mental, a pesar de sus ochenta y ocho años cumplidos al publicarla. No hay que esperar naturalmente de esta obra que sea un tratado de educación, ni que en ella aparezcan las ideas pedagógicas rigurosamente expuestas; por el contrario, se presentan en la forma chispeante y paradójica, y hasta contradictoria, que suelen revestir sus obras, sin que por eso dejen de ser siempre tan interesantes y sugestivas como todas las suyas. A exponer y comentar algunas de ellas se dirigen las líneas presentes.

La educación para Bernard Shaw –especialmente la educación inglesa– está dominada por la división de las clases sociales: hay una educación para los ricos, una educación para la clase media y una educación para la clase obrera. Esas diferencias sociales en la educación no desaparecerán en tanto subsistan las diferencias económicas en la sociedad. Por lo tanto, no se trata de facilitar el acceso de los pobres a las escuelas de los ricos, sino de hacer que desaparezcan los pobres. Ésta es, naturalmente, la doctrina socialista. La diferencia de Bernard Shaw con ella está en que no quiere que vayan los niños de todas las clases sociales a la misma escuela, sino que sigan existiendo las escuelas de tipo clásico (Eton, Harrow, etc.) para los ricos, junto a las de tipo moderno (Politécnicos, etc.) para los pobres. "El remedio no está –dice– en poner violentamente a los golfos y a los señoritos en los mismos colegios,

11 Bernard Shaw, *Guía política de nuestro tiempo*, Losada, Buenos Aires [1946].

sino en alterar la distribución de la riqueza nacional de manera que el nivel de subsistencia y de cultura de Eton esté al alcance de quienes viven en los barrios sórdidos con tanto gasto como crían ahora los de Eton". Y más adelante advierte humorísticamente: "Los señoritos de Eton y los golfos del Politécnico no deberían entrar en contacto más que en las peleas callejeras cuya organización bien podría considerarse como parte legítima de su ejercicio físico, o en las salas de examen o los laboratorios donde imparcialmente se les someta a prueba de capacidad y de sus pretensiones." Con una visión bastante pesimista de la educación –basada sin duda en su experiencia personal– Bernard Shaw considera a las escuelas como cárceles donde se encierra a los niños para que no molesten a sus padres.

"Toda madre –dice– que no explota a sus hijos como a unos pobrecitos esclavos se alegra de que la ley o la costumbre la obligue a mandarlos a la escuela". Claro es que no siempre ocurre así, pero también es cierto que sucede con mucha frecuencia. Sin embargo, Shaw no es partidario de arrancar totalmente a los hijos de la influencia de sus padres como quieren los regímenes totalitarios, ni siquiera parcialmente como ocurre en los internados educativos.

Esta concepción pesimista de la escuela y la familia aparece un poco amortiguada al recomendar una solución bien británica de compromiso entre la casa y la escuela por medio del semiinternado escolar, en el cual los muchachos pueden escapar de los males de ambas y disfrutar de la calle. Pero lo que acentúa Bernard Shaw es el régimen de vida común, comparativa, infantil, poniendo como ejemplo la "provincia pedagógica" del *Wilhelm Meister* de Goethe, en la que alternaban el juego y el trabajo de los niños en un régimen de libertad y disciplina a la vez.[12] Es decir, como él mismo advierte: "un mundo infantil donde el niño puede ser un pequeño ciudadano con leyes, derechos, obligaciones y recreos adecuados a sus habilidades y a sus capacidades".

Esa certera visión pedagógica de Shaw está en contraste con algunas ideas anticuadas, impropias de una mente tan abierta a todo lo nuevo como la suya. Así cuando dice que hay que enseñar dogmáticamente, por autoridad, ciertas cosas hasta que el niño pueda razonar o discutir, se pone en contradicción con las ideas expuestas hace ya más de un siglo por Rousseau y Pestalozzi de sustituir la autoridad del adulto por el imperio de la realidad, y las palabras por la necesidad de las cosas. ¿Qué quiere decir "se debe enseñar al niño a sumar antes de que comprenda la aritmética, y antes de que le interese el idioma debe aprender de memoria paradigmas y reglas?" Justamente lo contrario es lo cierto. Para que el niño aprenda la aritmética o el idioma hay que interesarle por ellas, hay que crear situaciones en que perciba su necesidad y su beneficio. Por lo demás, esto es lo que pide el mismo Shaw en otro lugar cuando dice que al niño se le debe dar alicientes para aprender, incluso ofreciéndole monedas para determinados trabajos.

La parte más crítica de Bernard Shaw se refiere a las *Public Schools* inglesas y a su supuesto o real

12 Véase en *Kant, Pestalozzi y Goethe sobre educación*, edición de L. Luzuriaga, Jorro, Madrid [1911].

esnobismo. Pero no nos interesa discutir ahora este tema, que ya hemos tratado en otra ocasión.[13] Lo que sí puede interesar es su oposición a la prolongación escolar más allá de los 14 años, que está en contradicción con la tendencia existente en Inglaterra, Estados Unidos y Rusia a ampliarla hasta los 16 o los 18 años. Shaw critica esta tendencia porque cree que esos años de plus se van a dedicar a una educación académica o de lujo, cuando por el contrario se trata de dar en ellos una educación a la vez realista y humanista, clásica y moderna, práctica y literaria, que prepara para la vida en vez de hacerlo solamente para la universidad, pero que aspira también a facilitar el goce de los bienes del espíritu a aquellos que no los disfrutan actualmente y para los que tienen también derecho. Precisamente esto es lo que quiere Shaw, sólo que no da la solución acertada; la suya es más bien la de un *amateur* o la de una junta de damas de beneficencia.

El hecho, bien conocido, de que la educación marche a un paso más lento que la ciencia, y que por lo tanto tarde en adoptar los hallazgos de ésta, da a Bernard Shaw motivo para numerosas críticas, que son sobre todo aplicables a los colegios clásicos ingleses, conocidos por su resistencia a las innovaciones. Pero lo que no advierte aquél es que junto al aspecto intelectual, instructivo, y por lo tanto variable de la educación hay el formativo que no necesita variar con tanta frecuencia. Las virtudes morales están reconocidas generalmente como valores de cierta estabilidad, aunque en el detalle

13 Véase, L. Luzuriaga, *Reforma de la educación*, Losada, Buenos Aires [1945].

puedan modificarse con el transcurso del tiempo. Por otra parte, aun los mismos progresos científicos necesitan el contrapeso de los postulados éticos. Ejemplo de ello es lo que significan las armas atómicas, destructoras de ciudades y personas en masa, para nuestro tiempo.

En relación con este problema se halla el tan discutido de la intervención del Estado en la educación, que Shaw considera parcialmente. Para él, el Estado insistirá en lo que nosotros llamamos formar el carácter del niño como ciudadano, y si los padres le inculcan ideas subversivas, se les arrebatarán con la misma decisión que en el caso de Shelley y Annie Besant. Esta afirmación no puede ser más peligrosa y puede llevar a la misma situación que en los regímenes totalitarios. ¿Qué significan las "ideas subversivas"? ¿Cuáles tienen este carácter y cuáles no? Por otra parte, en el conflicto entre los padres y el Estado, Shaw pasa por alto el valor esencial, el niño mismo, superior, en este caso, a ambos. En último término lo subversivo debería de ser lo que es perjudicial para el niño, lo que vaya contra su naturaleza y su futuro desarrollo. Pues en el niño hay otros aspectos que cultivar que el del ciudadano, a saber, el del niño mismo ahora y el del individuo, el hombre, más tarde.

Como compensación, sin duda, a estas afirmaciones tan peligrosas, Bernard Shaw afirma que la educación no debe ser sectaria ni proselitista. "En ella debe predominar como la verdadera fuente de la conducta decorosa el sentimiento del honor." Nada más cierto. La dificultad está aquí también en determinar cuál sea ese sentido, ya que según él mismo dice, cada clase social tiene una concepción diferente de la vida y por tanto del honor. Esto nos lleva a su vez al problema de los fines inmanentes y trascendentes de la educación. ¿Hay algo superior a la vida misma del niño, al desarrollo del ser juvenil? Este problema que, naturalmente, no se plantea Shaw de un modo teórico, lo resuelve, sin embargo, en otro lugar, negando los fines trascendentes a la vida y afirmando el "*élan* vital" como principio inspirador de ella.

Reconociendo todo el valor de la educación, Shaw no cree que ésta acabe con la edad juvenil, sino que la considera como una obra de toda la vida. "La educación –dice– no concierne únicamente a la infancia. Yo ando en mis ochenta y ocho años y, aun en mi muy limitada capacidad, tengo mucho que aprender". Esta educación prolongada puede realizarse en dos formas esenciales: como autoeducación o autoaprendizaje o como una función organizada por medio de instituciones sociales o del Estado. La *adult education*, que tanto desarrollo ha alcanzado últimamente en los países anglosajones y escandinavos con sus cursos y conferencias, sus teatros y conciertos, constituye un ejemplo de la acción educativa que Bernard Shaw recomienda especialmente. El arte, sobre todo, es para él, en este sentido, el máximo educador. "Sostengo –dice– que el estadista debería poner las bellas artes como elemento político a la altura, si no por encima, de la religión, la ciencia, la instrucción y la capacidad para la lucha. Sin embargo, ni siquiera tenemos un ministerio de bellas artes".

Tales son algunas de las ideas de Bernard Shaw sobre educación, muchas de las cuales son, como hemos visto, muy certeras y otras no lo son tanto. Su contribución más valiosa aquí es, sin duda, la crítica que hace de ciertas instituciones inglesas, quizás atrasadas respecto a la marcha del tiempo, pero que han hecho posible la continuidad de la acción política de las clases dirigentes británicas, sean conservadoras o laboristas, llámense sus directores Mr. Churchill o Mr. Attlee, ambos educados en los mismos colegios y ambos inspirados en ciertos aspectos por un mismo espíritu. Las opiniones y soluciones concretas de Bernard Shaw pueden ser discutibles, pero sobre ellas hay en él un amplio sentido humano, una comprensión de lo justo y de lo digno, que lo colocan a la altura de su nombre y que hacen de él un verdadero educador.

3. Pestalozzi y nuestro tiempo

Hace ahora dos siglos que nació en Zúrich el educador más grande de los tiempos modernos, Johann Heinrich Pestalozzi. Viviendo en una época de crisis como la nuestra, de grandes cambios políticos, económicos y sociales, dio a éstos el giro que hizo perdurables sus resultados mediante la educación del pueblo. Frente a la "ilustración" minoritaria de principios del siglo XVII, frente a la instrucción impuesta a los "súbditos" por los principales "filántropos", Pestalozzi, con un íntimo sentido humanitario, estableció la educación popular, a partir de sus capas más profundas. Inspirado por dos fuerzas espirituales convergentes, el fervor religioso y el entusiasmo democrático, nadie como él vivió las miserias materiales y espirituales del pueblo; nadie como él luchó tan heroicamente para procurarle formas de vida más humanas; nadie como él supo elevarle y educarle. Pero lo que hizo Pestalozzi no es sólo asunto del pasado, sino que sus ideas y sus actos tienen valor eterno. Por ello conviene traerlos al presente.

Pestalozzi actúa entre dos siglos, en un periodo en el que agoniza la monarquía y se hunde la Revolución Francesa; en el que se inicia otra gran revolución, no tan ruidosa, pero no menos trascendente, la revolución industrial; en el que se pasa con una frecuencia aterradora de la paz a la guerra y de la guerra a la paz. En este periodo agitado, prerromántico, del *Sturm und Drang*, de Rousseau y Voltaire, de Hume y Adam Smith, de Kant y Goethe, labora Pestalozzi a lo largo de sus ochenta años, sin desmayos ni vacilaciones, con una energía y un espíritu insuperables.

Como todas las grandes personalidades históricas, Pestalozzi ha sido visto desde ángulos muy diferentes. Para unos ha sido el filántropo, el humanitario; para otros, el educador, el maestro; para algunos, el espíritu místico religioso y para muchos el reformador social. Para nosotros, Pestalozzi no representa sólo uno de esos tipos humanos, sino que es la suma y compendio de todos ellos. Y lo que le hace estar más vivo y próximo a nosotros es su aspecto social y humanitario, su intenso amor a los niños, su profundo interés por el pueblo, que le hace ser el auténtico demócrata, antítesis completa del demagogo corriente. Poniendo su vida entera al servicio del pueblo jamás halagó sus bajas pasiones, su ignorancia y su miseria, sino que llegó hasta sus capas más inferiores para elevarlo, con amor desinteresado, hasta la dignidad humana. "Viví como un mendigo –dice– para enseñar a los mendigos a vivir como hombres".

Dilthey lo considera como uno de los genios pedagógicos que aparecen junto a los grandes poetas, como personas de la misma categoría aunque se han presentado en la historia más raramente: Sócrates, Platón, Abelardo, Comenio, Pestalozzi, Froebel y Herbart son para él de este tipo.

En la imposibilidad de trazar dentro del cuadro de un capítulo la imagen pestalozziana, nos limitaremos a señalar algunos de sus rasgos que tienen más significación para nosotros.

Educado, contra lo que se ha creído, en un ambiente de fina y alta cultura, en las mejores escuelas y colegios de su ciudad natal, Pestalozzi se preocupó desde su juventud por los problemas sociales y políticos de su tiempo. Afiliándose cuando estudiante a diversas sociedades patrióticas, sufrió persecuciones por sus tendencias liberales y revolucionarias. La publicación, en 1762, de las dos obras máximas de Rousseau –el *Contrato social* y el *Emilio*– produjo en su espíritu un gran efecto, y se decidió a entregarse a mejorar de un modo eficiente la situación del pueblo. Para ello fundó una empresa agrícola, la *Neuhof*, y cuando ésta fracasa la convierte en un establecimiento para la educación de niños pobres.

Durante seis años se dedica a esta obra con un espíritu de abnegación ejemplar; pero la excesiva extensión de la empresa y la falta de auxilios económicos y personales le obligan a cerrarla, después de haber perdido en ella su pequeña fortuna y gran parte de sus energías. La Revolución Francesa es otro hecho que conmueve grandemente a Pestalozzi, y se adhiere a ella con todo entusiasmo, confirmando sus convicciones republicanas y democráticas.

Al sobrevenir las luchas que produce en su patria la implantación de la República Helvética, queda como rastro de ellas un gran número de huérfanos, y Pestalozzi se presta a su educación fundando en 1798 el Orfanato de Stanz, en el que luchó heroicamente por su sostenimiento hasta que la guerra misma puso término a su empresa. Hablando de ella dice él mismo: "Estaba solo, desprovisto en absoluto de todo medio auxiliar de educación; en una casa a medio construir; en medio de la ignorancia, de las enfermedades y de toda clase de cosas nuevas para mí. Yo sólo era director, administrador, mozo de servicio y casi criado. Poco a poco ascendió a ochenta el número de alumnos; todos de distinta edad; unos llenos de pretensiones; otros, procedentes de la mendicidad pública; todos, excepto algunos, en la mayor ignorancia. ¡Qué problema educar a estos niños!"

Sin desanimarse por su fracaso, Pestalozzi inició, en 1800, en el castillo de Burgdorf su tercera empresa educativa, en la que desarrolla y aplica sus ideas pedagógicas ya maduras. Allí obtiene un éxito enorme, siendo visitado por las personalidades europeas más salientes de su época. Refiriéndose a ella dice Herbart: "Una viva actividad se proseguía uniformemente hasta el fin. Yo oía el ruido del hablar simultáneo de toda la escuela. No: no era ruido; era un acorde de palabras, sumamente perceptible, como un eco acompasado y tan vigoroso como un coro, tan firmemente trabado, tan precisamente unido a lo que se aprendía, que casi tuve que esforzarme en no convertirme, de espectador y observador, en uno de los niños que aprendían..."

Los días de Burgdorf fueron sin duda los días más felices de la vida de Pestalozzi; pero otra vez las variaciones de la política fueron la causa de que tuviera que abandonar su obra en la primavera de 1804. Mas su espíritu animoso le lleva a otra empresa, la de Iverdon, en la que Pestalozzi llega a su apogeo, a los sesenta años, y en la que actuó durante los últimos veinte de su vida. Allí acuden alumnos de toda Europa; uno de los cuales dice de él estas palabras: "Le amábamos todos porque nos amaba a todos. Le amábamos tan cordialmente que cuando no le veíamos en algún tiempo estábamos tristes, y cuando volvía a aparecer no podíamos separar los ojos de él."

Paralelamente a su actuación educativa y como complemento de ella Pestalozzi desarrolla sus ideas en una forma genial, adelantándose en muchos años a su tiempo. De sus obras, las más conocidas son su novela popular *Leonardo y Gertrudis* y su tratado pedagógico *Cómo Gertrudis enseña a sus hijos*. Pero en todas sus demás obras, que pasan de la media centena, se encuentran ideas sociales y pedagógicas del mayor valor.

Pestalozzi es ante todo un reformador social, que aspira a mejorar la situación del pueblo por medio de la educación. No es que antes de él no haya habido personalidades que se dedicaran a la educación popular; ahí están los nombres de Comenio y Jean-Baptiste de La Salle, por ejemplo. Pero mientras que éstos actúan por motivos principalmente religiosos, Pestalozzi va al pueblo por amor al pueblo. En medio de las profundas conmociones políticas y sociales de su época, creyó que el único camino para salvar a las masas populares de su miseria espiritual y económica, más que la revolución violenta o las leyes externas, era la educación. Por eso cuando quiso mejorar la situación de aquéllas, expresó su resolución definitiva diciendo: "Quiero ser maestro de escuela". Y esta función humilde la desempeñó durante toda su vida, dejando de lado situaciones más brillantes pero acaso también socialmente menos fecundas.

En las diversas escuelas que fundó, Pestalozzi ensayó sus ideas y métodos pedagógicos. No fue, pues, un mero escritor apasionado como Rousseau, su predecesor, ni un frío pedagogo científico como Herbart, su sucesor, sino que unió su vida y su pensamiento en una forma íntima y permanente. Dotado de "un verdadero espíritu de amor que alcanza la fusión suprema hasta llegar a la veneración amante incluso de lo inferior", como Spranger dice, Pestalozzi ilustra y depura su amor al niño y al pueblo con ideas geniales que aún tienen vigor en nuestro tiempo.

La idea esencial que, a nuestro juicio, sintetiza la concepción pedagógica de Pestalozzi, y que aún no ha sido plenamente reconocida, es la de la "integración", tan característica de la educación actual. La educación, en efecto, no es para él un fenómeno aislado, un asunto puramente escolar y técnico, sino que está integrada por la vida social, espiritual y política de cada época y de cada pueblo. Aquella influye en la educación de un modo decisivo, pero a su vez la educación modifica esa vida de una manera concluyente. "Las circunstancias hacen al hombre –dice– pero el hombre hace también a las circunstancias".

La casa, el Estado, la humanidad constituyen los tres grados esenciales de la vida social, a los que corresponden otros tantos tipos de educación: la doméstica, la nacional y la humana libre. Pestalozzi insiste especialmente en el valor de la familia para la educación, y sobre todo en la relación afectiva del niño con su madre, en la que ve el origen de la moralidad y la religión. Por otra parte, la educación ha de preparar para la vida nacional, y en este sentido ha de ser una educación patriótica, aunque no nacionalista, ya que ha de atender a los intereses generales de la humanidad.

Desde el punto de vista individual, la educación no es para él información, recepción pasiva de conocimiento o cumplimiento automático de órdenes, sino que afecta a la vida entera del hombre como formación activa, como creación –o mejor re-creación–. El hombre es una unidad de diversas energías y disposiciones –"cabeza, corazón y manos"– y todas ellas han de desarrollarse en forma orgánica y equilibradas. Así, pues, nada de intelectualismo ni voluntarismo o sentimentalidad, sino siempre y ante todo humanismo, humanidad, hombría. La educación ha de desarrollar al hombre cabal, a la personalidad entera, tan alejada de la individualidad egoísta como del ser colectivizado.

Pero las ideas de Pestalozzi no se agotan en estas consideraciones generales, sino que aparecen también en conceptos claros y precisos. Sus dos principios metódicos esenciales son la "intuición" y la "acción". Por ellos es el precursor o, mejor, el fundador de las distintas concepciones básicas de las pedagogías de nuestro tiempo: la educación vital y la educación activa. Sus escuelas y sus métodos estuvieron siempre en contacto directo con la realidad social y con la actividad creadora; en la escuela-granja de Neuhof, donde los niños trabajaban al mismo tiempo que aprendían; en el asilo de huérfanos de Stanz, donde convive con ellos como un padre con sus hijos; en la escuela de Burgdorf, donde aplica sus métodos intuitivos, y en el castillo de Iverdon, en el que crea una auténtica comunidad de educación y vida.

Aunque Pestalozzi llevó una existencia humilde, su acción no pasó inadvertida para los grandes hombres de su tiempo. Fichte fue el primero en llamar la atención del mundo sobre él y en sus ideas buscó la reconstrucción de la Alemania destruida, como ahora, por la guerra. Y el mismo camino siguieron hombres de la talla de Wilhelm von Humboldt y de Lorenz von Stein. Por otra parte, la Revolución Francesa le hizo, con otros nombres ilustres, su ciudadano de honor. Sus ideas se difundieron por todo el mundo, y en España se fundaron escuelas pestalozzianas patrocinadas por la realeza. Pedagogos como Herbart, Froebel, Horace Mann, vieron en Pestalozzi el mejor guía para sus ideas educativas. Cuando en 1927 se recordó su muerte en el primer centenario, todo el mundo civilizado le rindió un homenaje como pocas veces se ha tributado a ningún hombre.

En la actualidad tiene una significación especial su concepción político-pedagógica. Defensor, como se ha dicho, de las ideas democráticas de la Revolución Francesa, presenció conmovido sus triunfos y sus fracasos. Al mismo tiempo experimentó, como nuestra época, los horrores de dos grandes guerras. Al hablar de estos actos advertía Pestalozzi: "No existe otra alternativa; o Europa vuelve a caer en la barbarie y el despotismo o los gobiernos deben conceder aquello que es legítimo en las aspiraciones de la humanidad hacia la libertad." Y para esto hay sólo un medio: la educación del pueblo. "No es posible –dice– ninguna salvación para nuestro continente espiritual y cívicamente hundido más que por la educación, por la formación para la humanidad, por la formación humana".

El evangelio político-pedagógico de Pestalozzi –tan próximo a nosotros– podría, pues, sintetizarse en estas palabras: "Por la educación, por la cultura, a la libertad, es decir a la humanidad."

V
Tres educadores españoles modernos

1. Francisco Giner de los Ríos

En el horizonte de la cultura española se destacan, con el transcurso del tiempo, personalidades pedagógicas eminentes, educadores egregios, que no desmerecen en nada de sus equivalentes contemporáneos. Sin querer agotar la lista de ellos, no hay más que recordar, en efecto, lo que significan en la historia los nombres ilustres de Séneca y Quintiliano, en la Antigüedad; de San Isidoro, Averroes y Alfonso el Sabio, en la Edad Media, y los de Vives, Huarte, Ponce de León y Loyola, en el Renacimiento. La educación española no ha carecido de nombres universales; sólo le ha faltado continuidad. Desde el Humanismo hasta el siglo XIX apenas si se encuentran así figuras de gran tamaño, aparte de algunos intentos aislados como los mejor intencionados logrados de la época de Carlos III. Una de aquellas figuras excepcionales es la del gran educador de la España moderna don Francisco Giner de los Ríos, fallecido el 18 de febrero de 1915.

Frente a la interpretación errónea de los nacionalistas acérrimos, que no ven en la historia de España más que sectarismos e imperialismos, don Francisco Giner ha representado la auténtica tradición española, la de la tolerancia y la concordia en la vida interior, tal como se observa en la convivencia de cristianos, mahometanos y judíos en la España del Cid y de Alfonso X, y en la inteligencia y la comprensión de los demás pueblos, que se ve en el sentido europeo y ecuménico de un Vives o un Loyola. Sólo con la Casa de Austria, es decir con un linaje extranjero, se acentúa en España el espíritu estrecho, intransigente e imperialista. Pues bien, don Francisco significa, en la educación, la reanudación de la sana tradición española, aunque para ello tuviera que romper con la deleznable y oscurecida más próxima a su tiempo.

Hay que pensar, en efecto, en lo que representaba la España de Carlos IV, Fernando VII e Isabel II en punto a ignorancia, fanatismo y corrupción. Esta situación se tradujo, entre otras cosas, en la persecución al profesor y filósofo español don Julián Sanz del Río, y que dio lugar a la renuncia de sus cátedras de otros profesores eminentes como don Fernando de Castro, don Nicolás Salmerón y don Francisco Giner. La revolución de 1868 repone a estos profesores en sus puestos, pero la restauración de 1876 vuelve a atacar la libertad de la cátedra, y don Francisco Giner, con los hombres más valiosos de la época (Azcárate, Castelar, Figuerola, Salmerón, Linares, Calderón, Moret, etc.) protestan y son desterrados o presos.

Pero aún más importante que estos hechos externos es la situación interior de la educación y la cultura del tiempo. Sin querer recargar las tintas, pero también sin querer atenuarlas por un falso patriotismo, puede decirse que pocas veces habían llegado aquéllas tan bajo en la historia de España. El analfabetismo era casi general en el pueblo; las clases burguesa y aristocrática habían renunciado a todo empeño cultural; las escuelas, colegios y universidades existentes se habían cerrado a toda innovación y reforma, y los maestros y profesores seguían los métodos y las ideas anteriores al Renacimiento. Contra todo esto lucharon en vano, políticamente, los hombres de la revolución de 1868. Y fue así necesario emprender una obra más lenta, de reeducación, para salir de ese pantano cultural. Tal labor es la que quedó reservada a don Francisco Giner y a los hombres que le siguieron.

Como en tantos otros españoles ilustres, la acción personal y magistral de don Francisco Giner ha sido superior a su obra escrita. Con ser ésta muy sugestiva, no da idea de la actuación y la influencia de aquél. Espíritu ardiente e inquieto, enérgico y dulce a la vez, ha sido caracterizado mejor que por nadie por su mayor discípulo y continuador, don Manuel B. Cossío, con estas palabras: "Su presencia y su palabra cautivadores; la conjunción de una elegancia natural, una exquisita pulcritud y una extrema modestia, casi pobreza, en su atavío; su dominio de las buenas maneras; su afán de sacrificio en lo máximo como en lo mínimo; su delicadeza en las atenciones sociales; su cortesía para con todo el mundo, y especialmente con las señoras; su especial don de gentes en suma, hacían de él, junto al filósofo y al educador, un tipo acabado de hombre de mundo y de perfecto *gentleman*."

Y esto era en verdad don Francisco: un caballero, un hidalgo del viejo linaje español como aquel otro que vivió en cierto lugar de la Mancha; una figura arrancada de un cuadro de Velázquez o El Greco. Los que tuvimos la fortuna de tratarle no podemos olvidar nunca su inmensa capacidad de simpatía por los jóvenes y la atracción que ejercía sobre éstos; su preocupación constante por su vida y sus estudios; su consejo discreto y certero, con palabras alentadoras y comprensivas; su afecto por los humildes y su rigor con los farsantes. En su sala de trabajo recibía a todos los hombres de buena voluntad, fueran cuales fuesen sus ideas y opiniones, que acudían a él en busca de orientación y consejo. Por ella ha pasado todo lo que había de más valioso en la España de su tiempo, desde el político liberal, y aun el conservador sincero, al científico y el profesor eminentes, desde el artista y el artesano a la dama de mundo y al ilustre visitante extranjero.

En su clase, en un aula pequeñita de la vieja Universidad madrileña, don Francisco jamás adoptaba el aire del catedrático orador. De pie, con sus notas en la mano, su cuerpo menudo en constante vibración, era siempre el maestro indagador y estimulante, planteando cuestiones, sugiriendo lecturas y discutiendo con sus alumnos. Entre éstos se sentaban a veces graduados y profesores que iban a oír sus lecciones aunque siempre con la protesta de don Francisco, que decía que él era quien tenía que aprender de ellos. Entre sus discípulos más directos y entre los que recibieron su influencia espiritual y educativa se hallan personalidades españolas de la altura de Manuel B. Cossío, Ignacio Bolívar, Rafael Altamira, Adolfo Posada, el doctor Madinaveitia, Julián Besteiro, Antonio Machado, Nicolás Achúcarro, Fernando de los Ríos, José Castillejo, Juan Ramón Jiménez, Américo Castro, Manuel G. Morente, Luis de Zulueta y tantos otros, que han dejado su rastro en la cultura española. Esta labor la realizaba don Francisco no sólo personalmente, sino con su correspondencia interesantísima, que es lástima no haya sido publicada, pues seguramente es tan valiosa como algunas de sus obras. No hablamos de su influencia sobre las instituciones pedagógicas y científicas más importantes de España, como el Museo Pedagógico Nacional, la junta para Ampliación de Estudios, las Residencias de Estudiantes, etc., porque esto nos llevaría muy lejos; tampoco podemos ocuparnos de otros aspectos de su rica personalidad, como el del jurista o el filósofo, porque ello cae fuera de nuestro campo.

Como es sabido, la creación esencial de don Francisco Giner, la obra de su vida, es la Institución Libre de Enseñanza. Fundada en 1876, a consecuencia de las persecuciones gubernamentales antedichas, constituyó ésta una escuela de ensayo y de reforma, de carácter experimental, aunque de orientación idealista, que en sus métodos y sus ideas se adelantó en mucho a las "escuelas nuevas" europeas posteriores. La Institución ha sido el núcleo de donde ha surgido la renovación pedagógica de España, y durante sesenta años ha sido el fermento que ha transformado su educación. No es ésta la ocasión de estudiar la labor de este centro sin igual;

acaso lo hagamos en otra oportunidad, cuando surja del eclipse que sufre actualmente.

Pero no queremos dejar pasar la oportunidad para deshacer un grave error que se le ha achacado. Durante muchos años –y hoy, naturalmente, más que nunca–, la Institución ha sido atacada por los elementos tradicionalistas y reaccionarios de España, por varios motivos, entre otros por su supuesta irreligiosidad. Frente a esta imputación no hay más que reproducir las palabras de su fundador, quien afirma que "la religión no es una enfermedad ni un fenómeno pasajero de la historia, como la guerra o la esclavitud, sino una función espiritual permanente que la escuela debe educar". "Pero esta educación –añade– no debe hacerse confesionalmente, sino culturalmente, poniendo en ella todo respeto y miramiento". "El buen sentido –advierte– reprueba escuelas monárquicas, republicanas, católicas, etc. Pero no la educación religiosa y política (de la ciudadanía) en espíritu y bases comunes que luego cada uno lleve en su día a uno u otro lado". Y este espíritu amplio y comprensivo es el que no le querían perdonar –y no le perdonan– los políticos y escritores reaccionarios.

Don Francisco Giner, aunque dotado de una gran sensibilidad para la vida pública, no quiso intervenir nunca en política. Creyó que ésta no tenía sentido si no iba precedida y acompañada de la acción educativa. No tenía fe en la eficacia de las medidas externas, leyes, reglamentos, etc., ni en las revoluciones violentas, sino sólo en la reforma de los modos y costumbres, y en la mejora de la conducta, es decir en la educación.

La finalidad de la educación no es para don Francisco –como no lo es para ninguno de los grandes pedagogos– la adquisición de saber, la erudición, ni siquiera la cultura, sino sobre todo y ante todo la formación del hombre, el desarrollo de la personalidad. Refiriéndose a esto, dice en una ocasión: "El vicio fundamental de nuestras clases... –llamémoslas ilustradas– puede definirse en una fórmula. Entre nosotros las personas ilustradas son periodistas, catedráticos, clérigos, comerciantes, ministros, naturalistas, fabricantes, médicos militares..., y qué sé yo que más, pero difícilmente son *hombres.*" ¿No hay en estas palabras una resonancia de las que pronunció aquel otro gran educador que se llamó Pestalozzi? Y dentro de la formación de lo humano, de la *hombría* podríamos decir, lo decisivo es la conducta, la vida moral. A esto lo sacrificaba todo don Francisco, incluso un poco ascéticamente, franciscanamente.

Desde el punto de vista estrictamente pedagógico, don Francisco Giner, adelantándose a las ideas de la educación nueva, basa toda la educación en el hacer, en la actividad. Antintelectualista, aunque no antiintelectual, rechaza la mera transmisión y recepción pasiva del saber y defiende, en cambio, la búsqueda del conocimiento, la elaboración cultural por el alumno, la participación de éste en su propia formación intelectual. Así, hablando de la necesidad de una reforma de la enseñanza, decía en 1881: "La confianza en el maestro, la medida libre del tiempo y la manera de llenarlo reemplazarán entonces a la ignorante, suspicaz y depresiva reglamentación burocrá tica; la conversación animada y discreta, a los interrogatorios solemnes y a esos discursos que deben reservarse para las conferencias a un público heterogéneo, numeroso y anónimo; la investigación personal en común a las experiencias dogmáticas; la espontaneidad tan fecunda a la aridez académica; la palabra viva, al libro de texto, la dirección individual de cada alumno al régimen abstracto de la masa, cuyo atomismo es tan desafortunado en esta esfera como en la medicina, la política o las cárceles."

Coincidiendo con las ideas de nuestro tiempo, don Francisco consideraba a la educación como una acción continua, ininterrumpida. De aquí que no fuera partidario de la separación de la primera y la segunda enseñanzas, sino que las consideraba como simple manifestación de un proceso continuado que, incluso, comprendía a la universidad. En este sentido nada más innovador y progresivo que ver a profesores universitarios –empezando por el propio don Francisco– dar clases de enseñanza primaria. Y nada también más expresivo que contemplar a estos profesores –y no a "celadores" o personal subalterno– atender a todos los aspectos de la vida de la escuela y del muchacho y el niño, desde los juegos al aire libre, de los cuales participaban, al cuidado del orden y la limpieza en las personas y las cosas.

Para Giner los factores esenciales de la educación no son los programas ni los planes de estudio, los edificios o el material de enseñanza, sino –coincidiendo con la educación inglesa– el ambiente social y escolar y la personalidad del maestro. Sobre todo éste es el factor decisivo en la educación. "El maestro –dice– no representa un elemento importante en ese orden, sino el primero, por no decir el todo. Dadme el maestro y os abandono la organización, el local, los medios materiales, cuantos factores, en suma, contribuyan a auxiliar su función. Él se dará arte para suplir la insuficiencia o los vicios de cada uno de ellos". De aquí su insistencia en pedir la máxima preparación, universitaria a ser posible, con la máxima selección y retribución para el magisterio, proponiendo que los mejores maestros fueran, como misioneros, a los pueblos más abandonados.

Una de las innovaciones más valiosas introducidas por don Francisco y desarrollada por su discípulo el Sr. Cossío –el mayor crítico de arte de España– es la atención a la educación estética. Ésta se realizaba principalmente en forma de excursiones a las ciudades y monumentos históricos, de que es tan rico el país. Justamente esos profesores –a quienes algunos sectarios nacionalistas califican de extranjerizantes– han sido los que más han contribuido al descubrimiento y valorización de las riquezas artísticas y de las bellezas naturales de España, que recorrían en incesante peregrinación por campos y aldeas, iglesias y ciudades. Las visitas a los museos, inolvidables para los alumnos por la forma viva en que se hacían, eran una parte esencial de esta educación, juntamente con el estudio y cultivo de las artes populares, la cerámica especialmente. Lo mismo puede decirse de la música y la literatura, cuyos primitivos contribuyeron también a descubrir o difundir.

Hablar hoy de la importancia de la educación física es un lugar común y a veces hasta desacreditado. Pero en la época inicial de don Francisco, cuando el deporte y el juego al aire libre eran casi desconocidos en la Península, supuso un enorme esfuerzo hacer que los muchachos salieran con sus profesores a jugar al campo, realizaran excursiones por la montaña y se bañaran en todo tiempo en los lagos y los ríos. Poco partidario de la gimnasia y de las marchas uniformadas, don Francisco reconoció –como los ingleses– todo el valor que tenía el deporte, no sólo para el endurecimiento físico, sino también, y sobre todo, para la educación moral.

Otra de las novedades que llevó don Francisco a la Institución –adelantándose también a las mejores escuelas de Europa– fue la coeducación. Creyendo en la beneficiosa influencia que podría producir la convivencia de los muchachos y las muchachas, bajo la discreta vigilancia o, mejor, dirección de un educador, llevó a la escuela esta forma de vida, que ha venido practicándose siempre en la casa, la calle, la iglesia, los espectáculos y los deportes. Aparte de las consideraciones teóricas, sus ideas sobre este punto estaban apoyadas por el hecho de que en uno de los más grandes países del mundo, los Estados Unidos, las escuelas y colegios practican en su inmensa mayoría la coeducación y de que ésta existe en la casi totalidad de las universidades de todo el mundo.

No es posible extenderse en otros aspectos de la actuación y las ideas tan ricas de don Francisco Giner. Si, para terminar, quisiéramos sintetizar la concepción o, mejor, la actitud pedagógica de éste, nada podría servir mejor que estas otras palabras del Sr.

Cossío: "Concordia sincera y desinteresada de hombres de buena voluntad, vengan de donde vinieren, para una obra educadora hecha sobre toda diferencia de opiniones políticas, de escuelas filosóficas, de creencias religiosas; pacificación de las almas en el campo sagrado neutral en que han de formarse las nuevas generaciones; absoluto respeto al niño, sin la profana anticipación de odios y discordias, fue el ideal que don Francisco predicó y practicó toda la vida."

Palabras nobles, elevadas, no siempre oídas por todos, y que de haberlo sido acaso hubieran evitado muchos males posteriores y los eviten aún a los que quieran escucharlas.

2. Manuel B. Cossío

Poco conocido del gran público, don Manuel B. Cossío ha sido, sin embargo, la máxima autoridad en la crítica e historia del arte hispánico y, después de la muerte de su maestro don Francisco Giner de los Ríos, el más grande educador de la España contemporánea. Como en aquél, su obra escrita, con ser importante, no refleja las múltiples luces de su rica personalidad; como en aquél también, su acción ha sido poco dada a la publicidad, pero esto no obstante ha tenido asimismo una significación extraordinaria. Un paralelo entre don Francisco y el señor Cossío –como se solía llamarles– sería por demás interesante. Sin intentar realizarlo, habría que ver cómo Cossío daba, en general, más importancia a la vida y a lo humano, mientras que aquél, sin desdeñar esto prestaba más atención a lo filosófico. En Cossío predominaba la interpretación estética de la vida, mientras que en don Francisco sobresalía el aspecto ético. Éste, en su sencillez franciscana, se hallaba más cerca del religioso seglar, mientras que aquél se parecía más al humanista del Renacimiento; don Francisco se hallaba más retraído en su obra, la Institución Libre de Enseñanza, en tanto que el señor Cossío tuvo una mayor relación pública, por su actuación al frente del Museo Pedagógico Nacional. Ambos, sin embargo, coincidían en los puntos fundamentales de la vida, el arte, la ciencia y la educación, por lo cual, naturalmente, se considera al uno como continuador del otro.

Antes de pasar adelante, sería interesante observar que en los cuatro maestros más influyentes que, prescindiendo de los puramente científicos, ha tenido últimamente España: Giner, Cossío, Unamuno y Ortega, la vida en los dos primeros ha sido superior al pensamiento, mientras que en los últimos ha predominado el pensamiento sobre la vida. En aquéllos no se puede comprender su obra sin su historia vital, mientras que en éstos es posible prescindir de ella para valorar sus creaciones mentales. En todos, sin embargo, el tema de la vida ha sido motivo de constante preocupación. No son ellos intelectuales fríos y distantes, al modo de los pensadores galos y germanos, sino que, siguiendo la tradición existencialista española, han acentuado sobre todo los valores activos, cálidos y vitales humanos. Esta tendencia es sobre todo perceptible en Giner y Cossío, para quienes en la esfera de sus actividades lo decisivo es el hombre vivo, actual, y en particular el ser juvenil, el hombre en desarrollo.

Como se ha dicho antes, la personalidad del señor Cossío se desdoblaba en dos manifestaciones esenciales: el arte y la educación. Pero en realidad éstas fueron sólo dos aspectos de un mismo espíritu. Educación y arte se unieron en la vida y la obra de Cossío de un modo tan íntimo y constante que aparecían fundidas en una indisoluble unidad. No fue aquél un erudito –aunque sabía de arte más que nadie en España–, sino un artista o, mejor, un espíritu que vivía el arte. En educación, tampoco ha sido lo teórico lo mejor de su obra –aunque tampoco le ganó nadie en este terreno–, sino su actitud, su actividad como educador. Cossío hacía de la educación una obra de arte, y dio a éste un sentido educador, como lo hicieron los artistas de las mejores épocas.

De ascendencia montañesa, de hidalga familia castellana, el señor Cossío ha representado uno de los tipos más puros del hombre hispánico, en lo que éste tiene de firmeza, de distinción y aun de exaltación. No es pues de extrañar su entusiasmo por El Greco –a quien descubrió– y sus personajes, de los que parecía un trasunto moderno. A una cultura extensa y profunda, a un saber vivo y depurado, unía una sensibilidad finísima y una gran cordialidad humana.

Ya en su figura física –tal como aparece en el retrato de Sorolla, sobre quien tanto influyó– se percibe su natural elegancia, y, a través de los modestos trajes que siempre llevó, su porte aristocrático. Exaltado y hasta violento contra la ignorancia, el oropel y la farsa de la Restauración la edad de corcho de España–; entusiasta, en cambio, por lo que había de sano y perdurable en el pueblo español, especialmente el del viejo agro castellano; irónico y mordaz respecto a la pedantería de los sabios oficiales y melancólico a ratos sobre los derroteros inciertos de la política española, el Sr. Cossío reservaba lo mejor de su espíritu para los jóvenes, para sus alumnos, maestros y estudiantes. En sus clases, en sus conversaciones con ellos, se transfiguraba, parecía como si una llama iluminara su rostro, como si hablara, aunque con mesura, con todo su cuerpo, con sus brazos, con sus manos; su voz y su palabra tan finamente timbradas y moduladas eran sólo un modo más de expresarse. Ante un cuadro en el Museo, en una vieja iglesia castellana o con una obra literaria, clásica o moderna, todo parecía en él revivir y animarse. Si ha habido grandes maestros en el mundo, Cossío ha sido uno de ellos, y si ha experimentado alguien una gran fortuna en la vida, hemos sido los que tuvimos la suerte de tenerlo como maestro.

La gestión de Cossío se ha desarrollado a lo largo de sesenta años de actividad ininterrumpida. Nacido en Haro (Logroño) el 22 de febrero de 1857, estudió la segunda enseñanza a la sombra del venerable Monasterio del Escorial, hoy profanado por la política, y la de Filosofía y Letras en la Universidad de Madrid, donde conoció como profesor a don Francisco Giner. Al fundarse la Institución Libre de Enseñanza, en 1876, fue uno de sus primeros alumnos, quedando incorporado a ella desde ese momento hasta el último día de su vida, primero como profesor, después como director de estudios y finalmente como rector, a la muerte del fundador.

Su segunda gran influencia formativa la recibió en la Universidad de Bolonia, como becario del Colegio español de San Clemente, donde cursó arqueología, historia literaria, filosofía, estética y pedagogía. Pero tanta o mayor influencia que estos estudios tuvo su estancia en Italia, impregnándose de su arte, su literatura y su tradición humanista. A su vuelta a España, y después de desempeñar por poco tiempo una cátedra de historia de las Bellas Artes en Barcelona, fue nombrado en 1883 director del Museo Pedagógico Nacional, cargo en el que permaneció hasta su jubilación. Más tarde, en 1904, se le designó profesor de la primera cátedra universitaria de pedagogía en la Facultad de Filosofía y Letras de Madrid.

Al proclamarse la República Española en 1931, y al fundar las Misiones Pedagógicas, fue nombrado presidente de su Patronato. Elegido diputado a las Cortes Constituyentes, no pudo formar parte de ellas por la enfermedad que le aquejó en sus últimos años. Finalmente, en 1934 se le nombró primer "ciudadano de honor" de la República. Falleció en un pueblito de la sierra próxima a Madrid el 19 de septiembre de 1935.

Expuesta sumariamente la biografía exterior, y en la imposibilidad de dar cuenta en el breve espacio de un capítulo, de una vida tan rica en actividades e ideas como fue la de Cossío, tenemos que limitarnos a señalar sus momentos más esenciales.

Como director del Museo Pedagógico Nacional –en realidad más Instituto que Museo, pues ese nombre tenía sólo una significación histórica–, el señor Cossío ha sido el inspirador de todas las reformas eficientes que se han realizado en la educación de España hasta 1936, en que se impuso a ésta violentamente otro rumbo. A él se debe, más o menos directamente, la mejora de las enseñanzas primaria y secundaria en sus objetivos y sus métodos; la elevación económica y cultural del magisterio y el profesorado; la dirección e inspección técnica de la instrucción pública; la creación de instituciones educativas complementarias, como las colonias, las exposiciones y las excursiones escolares; la organización de cursos de perfeccionamiento para el personal docente; la publicación e inspiración de los primeros estudios sobre la enseñanza en España y en el extranjero; las mejores reformas de los planes de estudio, etc. Pero aun más que estas y otras mejoras concretas, su gestión en el Museo Pedagógico ha sido trascendental para la enseñanza española a través de los maestros y profesores más distinguidos que acudían a él en busca de orientación. Su pequeño cuarto en el Museo ha sido, en efecto, el lugar donde iban en busca de ayuda y consejo no sólo aquéllos, sino también los diputados, directores generales y ministros que querían hacer algo serio en materia de enseñanza. Por otra parte, la biblioteca del Museo –la oficial mejor atendida de Madrid durante muchos años– ha servido de fuente de consulta incomparable para todos los que se dedicaban al estudio de las humanidades. Finalmente, los cursos y conferencias de Cossío y algunos de los más destacados profesores de la Universidad, dados en el Museo, hicieron de éste el primer centro pedagógico de España.

Teóricamente, Cossío ha sido uno de los precursores más ilustres de las dos ideas básicas de la educación de nuestro tiempo: en el aspecto interno, de la escuela activa, y en el externo, de la escuela unificada. Respecto a la primera decía ya en 1884, es decir hace más de sesenta años: "Al niño se le da el trabajo hecho, en vez de ejercitarlo en ese trabajo; se le pone el fin sin mostrarle el camino que a él conduce. Es decir, que si de algo llega a saber de esa suerte sería a lo sumo lo que han hecho los demás en las cosas que le ocupan, pero no cómo lo han hecho ni mucho menos a hacerlo él." Y después de un análisis profundo del proceso activo, terminaba preguntando: "Hay que repetirlo una y mil veces: ¿qué adelanta el niño con tener en su memoria los resultados conseguidos por otros con el conocimiento de la realidad? ¿Es de eso de lo que se trata o de ponerlo en condiciones de adquirir en cada caso aquéllos y todos los conocimientos que necesite?" Y preguntémonos, a nuestra vez, nosotros: ¿puede darse una formulación más completa de la idea activa, que ésta expresada mucho antes de que fuera enunciada por sus actuales representantes?

La misma penetrante visión se observa en la concepción de la escuela unificada, es decir de la educación pública estructurada orgánicamente, sin los compartimientos estancos que separan cada uno de sus grados. Todos ellos, para él, desde el *kindergarten* a la Universidad, debían formar una unidad educativa. Inspirado, sin duda, en esta idea, surgió después el mejor centro oficial de educación secundaría de España, el Instituto-Escuela de Segunda enseñanza, que podía compararse con los mejores similares de Europa.

Finalmente Cossío, adelantándose a Dewey, mantenía una concepción vitalizadora y social de la educación al decir en 1881: "Pero donde ha nacido, a no dudarlo, la fórmula más vital, que, presentida en nuestros días, será norma para la enseñanza de los tiempos venideros, a saber: la escuela debe estar en medio de la vida, y ésta a su vez, debe penetrar en la escuela." Esta concepción vital, global, humana, llevó a Cossío a dar importancia en la educación a cosas y acciones que hasta su tiempo apenas habían sido atendidas; desde la decoración de las clases, utilizando el arte popular, hasta la hora de la comida, aprovechada para mantener un contacto íntimo y espiritual con los alumnos; desde los juegos y deportes, tan poco atendidos en la educación de su tiempo, a la experimentación en el laboratorio y la búsqueda de datos en la biblioteca; desde las actividades manuales y artísticas a la limpieza moral y física. Pero la educación no termina para él en la escuela y en la edad escolar, sino que es una obra constante, sobre todo en la edad juvenil; de aquí su labor para ampliar la acción escolar con las colonias de vacaciones, las excursiones al campo y a las ciudades históricas y los viajes de estudio, en que maestros y alumnos están en la mayor relación pedagógica posible, sin que parezca que se realiza una educación intencionada. Por ello decía: "No hay nada despreciable en la educación, y la vida toda debe ser un completo aprendizaje; todo el mundo no sólo puede, sino que debe ser maestro."

La última obra de Cossío fueron las Misiones Pedagógicas. Cuando se habla de la educación o la cultura populares, se piensa generalmente en la instrucción elemental, alfabética, de los adultos, o bien en las migajas de la cultura distribuidas por la extensión universitaria o por las empresas industriales. Frente a esta concepción rudimentaria, Cossío tuvo la certera intuición de llevar al pueblo la cultura fina y desinteresada de primera mano, para goce y deleite del espíritu. Ya hacía muchos años –cerca de medio siglo– que había pedido en sus escritos que se enviaran los mejores maestros a los pueblos más pobres. Al encomendársele la dirección de las Misiones Pedagógicas –nombre poco afortunado–, renovó esa petición en favor de los pueblos desamparados, no con los servicios de las escuelas, ya en parte atendidos, sino con el envío de misioneros de la cultura en su sentido más elevado. Y entonces, como en la época heroica de los conquistadores y colonizadores, los misioneros de Cossío empezaron a abrir nuevos caminos en el mundo de la cultura popular hispánica. En esta obra colaboraron desinteresadamente profesores y estudiantes, maestros y profesionales, animados de un sentido social, quienes con sus conversaciones, sus lecturas, sus representaciones dramáticas, sus museos de arte, sus masas corales, sus reuniones, sus películas, sus discos y sus libros, llevaron al pueblo rural la cultura de las ciudades y sobre todo un espíritu nacional y humano.

Tales han sido, a grandes rasgos, la vida y la obra de Cossío. Una y otra fueron de una pureza cristalina y de una trascendencia extraordinaria.

Todas las reformas fructíferas que se han introducido en la educación española han surgido inicialmente de él; la mayor parte de los que en una u otra forma nos hemos dedicado a esa educación le debemos lo mejor de lo que somos. Cossío ha sido, en suma, el gran maestro de España. Y a él se pueden aplicar también las palabras con que él mismo sintetizó el pensamiento de Giner: "El maestro de alta cultura y de más alta formación moral, misionero por los campos y aldeas de España fue, a no dudarlo, la parábola favorita, el versículo preferente de su último evangelio pedagógico."

3. José Castillejo

Hace ahora dos años que falleció en Londres, en el exilio, uno de los hombres a quien debe más el movimiento científico y cultural de España, el profesor José Castillejo. Su nombre no es muy conocido del gran público, pues una de sus características, como la de sus maestros, fue la de no querer aparecer en el plano de la publicidad; pero todos los que están familiarizados con el desarrollo de la ciencia y la educación españolas saben cuánto le deben a este organizador infatigable. Su misma desaparición, como la de tantos españoles exilados –Blas Cabrera, Pío del Río Hortega, Enrique Díez-Canedo, Joaquín Xirau, etc.–, ha pasado casi inadvertida fuera de los países en que últimamente vivieron. El destino ha querido que estos hombres, a quienes tanto debe la cultura hispánica, tuvieran que abandonar sus labores en el solar nativo y no pudieran volver a él para terminarlas.

José Castillejo perteneció a la generación que siguió inmediatamente a los desastres del 98, y que tuvo como uno de sus lemas la "europeización" de España. Los tres siglos y medio de aislamiento respecto al mundo culto habían producido un gran retraso dentro del desarrollo científico general. Existían en España ciertamente algunos hombres geniales como don Francisco Giner y don Santiago Ramón y Cajal, que venían luchando para incorporar a su país a ese movimiento; pero sus esfuerzos habían quedado reducidos a la esfera individual y no podían dar el rendimiento de otras personalidades que trabajaban en condiciones más favorables.

Cuando se produjo el movimiento de regeneración nacional a comienzos del siglo –cuyo hombre más representativo fue don Joaquín Costa– se trató de romper la muralla que circundaba a la cultura de España facilitando la producción de los hombres de ciencia existentes y sobre todo tratándose de formar nuevos investigadores. Para ello era necesario crear una institución que, alejada de los vaivenes de la política y de las trabas burocráticas, coordinara los esfuerzos aislados de los científicos y les procurara los medios para desarrollar sus trabajos. Con este objeto, don Francisco Giner propuso la fundación de una "institución de estudios e investigaciones científicas" al ministro liberal don Amalio Gimeno, juntamente con otra "Junta de educación nacional" para la reforma pedagógica, que también necesitaba España. Al poco tiempo sobrevino una de las frecuentes crisis políticas que ocurrían en España, y el ministro conservador que sucedió a aquél redujo la autonomía y los medios de la primera y suprimió la última, hasta que un nuevo ministro liberal, el conde de Romanones, volvió a dar a la junta científica la autoridad y los recursos originariamente proyectados, aunque no se atrevió a restablecer la junta de educación por temor a los elementos clericales.

La junta tuvo por presidente, hasta su muerte, al hombre a quien debe más la ciencia española, a Ramón y Cajal, y estuvo integrada por otros hombres de ciencia, como los señores Bolívar, Torres Quevedo, Menéndez Pidal, etc., todos los cuales prestaron su colaboración con el mayor desprendimiento. Pero el motor esencial de ella fue durante veinticinco años José Castillejo.

Castillejo y los hombres que le ayudaban hicieron de la Junta para la Ampliación de Estudios el órgano principal del movimiento científico de España. Las Universidades habían quedado en el mismo retraso que el resto de la vida oficial hispánica, limitándose a realizar una labor docente bastante defectuosa y a conceder títulos profesionales. Los pocos profesores que investigaban lo hacían fuera de los centros oficiales. Por otra parte, los alumnos no encontraban más estímulo para su labor que la preparación a los exámenes. Para acabar con esta situación, la Junta empezó por crear un sistema de becas para el estudio y la investigación en los centros más reputados del extranjero, gracias a las cuales varios centenares de maestros, profesores y estudiantes pudieron perfeccionar o aprender los métodos del trabajo científico y gracias a las cuales se pudo renovar la labor de la enseñanza y la investigación en las universidades españolas.

Pero no bastaba con enviar afuera a los estudiantes y los profesores; era necesario que a su regreso a España pudieran encontrar los medios y los centros necesarios para aplicar y desarrollar lo que habían adquirido. Con este fin, y también para facilitar la misión de los investigadores existentes, se creó una serie de instituciones científicas del mayor valor y que son ampliamente conocidas fuera de España, como el Centro de Estudios Históricos, el Instituto de Física y Química, el Instituto de Histología, el Seminario de Matemáticas, el Instituto Nacional de Ciencias Naturales, etc., cada uno de los cuales formó un plantel de investigadores que prosiguieron la labor de sus maestros y realizó una serie de investigaciones y publicaciones que podían compararse con las de las otras instituciones del extranjero.

La labor de la Junta y de Castillejo –ambos nombres son inseparables– no terminó en España. Gracias a la certera visión de un eminente español residente en la Argentina, el doctor Avelino Gutiérrez, fue posible organizar, por medio de la Cultural española y de la Junta, un intercambio cultural con este país, merced al cual pudieron venir a dar cursos y conferencias algunos de los hombres más destacados de la ciencia y la cultura españolas.

Comprendiendo que era también necesario realizar en el orden oficial la reforma de la educación que en el campo particular venía realizando la Institución Libre de Enseñanza, la Junta creó una serie de instituciones pedagógicas del mayor interés. Entre ellas figura en primer lugar el Instituto-Escuela de Segunda enseñanza, una especie de escuela modelo o mejor experimental, en la que se aplicaron y perfeccionaron los mejores métodos de la educación de nuestro tiempo, a la vez que se formaba el personal docente para los demás establecimientos oficiales. El Instituto-Escuela llegó a ser el tipo sobre el cual la República creó después sus mejores establecimientos educativos.

Tan importante, o más, desde el punto de vista pedagógico, fue la creación de las Residencias de Estudiantes, que resucitaron la tradición de los colegios medievales y renacentistas españoles, y en las cuales los alumnos no sólo encontraban un albergue material refinado, sino también una atmósfera intelectual intensa. Por las Residencias han pasado los hombres de mayor relieve cultural de España y del extranjero y han sido el hogar de muchos de los jóvenes y profesores que después han llegado a los puestos directivos de la cultura hispánica.

Todas estas y otras instituciones fueron creadas o inspiradas por José Castillejo, aunque naturalmente su realización quedó entregada a manos de los científicos y educadores competentes. Su creación y organización respondió a una idea que era poco frecuente en las mentes hispánicas y latinas; la de que la mejora científica y educativa no puede tener éxito confiándola a las reglamentaciones y disposiciones oficiales generales, sino que hay que realizarla paulatinamente a medida que se dispone de las personas preparadas para ello. Pero una vez que se cuenta con ellas, hay que darles la mayor autonomía posible. La ciencia, como la cultura en general, no puede vivir más que en un ambiente de libertad, y si no se disfruta de ésta serán inútiles todos los esfuerzos que se realicen para su organización y sostenimiento.

VI
Pedagogía política

1. Pedagogía política y política pedagógica

La publicación, en 1898, de la *Pedagogía social* de Paul Natorp, produjo en la vida cultural y educativa de Europa una conmoción extraodinaria al romper abiertamente con la orientación individualista que había predominado en la educación del siglo XIX con la pedagogía herbartiana, primero, y la spenceriana después. La obra representaba, en efecto, una reacción social idealista frente al individualismo positivista anterior pero, como todas las reacciones, fue más allá de los límites de lo razonable, afirmando una concepción socializada del hombre tan monstruosa, que el individuo casi desaparecía y sólo quedaba la comunidad como portadora y agente de la educación. Para Natorp, el individuo era, como el átomo de la física, una pura abstracción, que sólo por la sociedad llegaba a ser hombre. El equilibrio se restableció cuando los pedagogos posteriores, como los discípulos de Dilthey –Spranger y Nohl– de un lado, y Dewey y sus continuadores, de otro, volvieron a colocar en su debido lugar al individuo y la sociedad respecto a la educación.

Pero si la orientación radicalmente socializadora desapareció del mapa espiritual, el nombre de "pedagogía social" o el de su equivalente de *educational sociology* de los norteamericanos, quedó incorporado a la pedagogía contemporánea como una de sus direcciones esenciales, aunque asignándosela en lo sucesivo los problemas de la educación en relación con la sociedad y sus elementos integrantes: familia, comunidad local, Iglesia, profesión, nación, etc., logrando en esto un éxito más satisfactorio.

Ahora bien, el extraordinario desarrollo alcanzado en nuestro tiempo por la educación pública, y especialmente por la educación del Estado, podría justificar el nacimiento de una nueva dirección o esfera autónoma dentro de la ciencia de la educación, encargada del estudio de aquélla, que llevara la denominación de "Pedagogía política". El nombre quizá pudiera alarmar a los que sólo ven en la política una manifestación parcial, partidista, de la vida pública. Pero si se concibe a la política, con Platón y Aristóteles, como la teoría o la ciencia del Estado, la alarma desaparecerá inmediatamente, sobre todo si se tiene en cuenta que aquellos mismos fueron los que pusieron las bases de esa pedagogía con sus obras maestras, la *República* y la *Política*, respectivamente. Por otra parte, existen desde hace tiempo en la vida cultural una "Economía política" y un "Derecho político" que vienen a desempeñar en sus esferas la misma función que la "Pedagogía política" cumpliría en la suya.

Si se encontrara acertada la propuesta y se emprendiera alguna vez esa nueva tarea, la "Pedagogía política" tendría ante todo que diferenciarse de la "Política pedagógica" por ser ambas de carácter esencialmente distinto. Mientras que la primera estudiaría, en efecto, el problema de las relaciones del Estado y la educación desde un punto de vista teórico, científico, la política pedagógica se referiría concretamente a las circunstancias de la educación pública, a sus aplicaciones al lugar y al momento, a las medidas de gobierno, a los programas y actos de los partidos, a las aspiraciones de las clases sociales, iglesias, colectividades, etc. La pedagogía política consideraría a la educación pública como un fenómeno social espiritual, como un producto cultural-histórico, mientras que la política pedagógica sería como una técnica, como una aplicación o realización de la educación desde un punto de vista particular. La primera contestaría a la pregunta: ¿cómo es la educación pública?; la segunda a la de ¿cómo debe ser esa educación? Aquélla satisfaría una exigencia puramente intelectual; ésta una aspiración o un acto de voluntad. La relación entre ambas vendría a ser la que existe entre la física y la mecánica o entre el derecho político y el administrativo.

Con este fin hay que recordar que la educación en general no constituye una mera invención, una acción arbitraria que se puede hacer o dejar de hacer, sino que es un fenómeno real y necesario que, en una forma u otra, existe desde los primeros comienzos de la vida y la sociedad humanas. La educación pública, en cambio, sólo se ha desarrollado en los tiempos modernos, concretamente a partir del siglo XVI en que empieza a secularizarse la sociedad y a formarse por una nueva conciencia del Estado. Desde entonces aquélla ha pasado por diversas fases y alternativas, desde la educación pública religiosa de los siglos XVI y XVII a la estatal del XVIII, a la nacional del XIX y a la democrática del nuestro.[14] Este desarrollo ha alcanzado un volumen y complejidad tan grandes en cada país con sus millares de escuelas, sus numerosos colegios y universidades, sus presupuestos ingentes y sus técnicas perfeccionadas, que la pedagogía política tendría un vasto campo de trabajo, investigando los factores históricos y actuales que han formado su estructura presente.

Como un bosquejo o anticipo de lo que podría ser este campo de acción de la pedagogía política, vamos a tratar de señalar algunos de los factores o elementos que, a nuestro juicio, integran la educación pública.

En primer lugar aparece la concepción de la vida y del mundo de cada época y de cada pueblo. Si éstos son religiosos o escépticos, materialistas o idealistas, autoritarios o democráticos, individualistas o colectivistas, su educación reflejará naturalmente ese mismo espíritu. Así la educación del Estado se halla menos atendida que la particular en los pueblos en que predomina una concepción religiosa cerrada como España y Portugal; la educación pública ha sido *siempre* –y no sólo ayer– más autoritaria y disciplinaria en los países germánicos que en los anglosajones; más democrática y de masas en los Estados Unidos y más liberal y de individualidades en Inglaterra; más escéptica en toda Europa en el

14 Véase *Historia de la educación pública*, por L. Luzuriaga, Losada, Buenos Aires, 1946.

siglo XVIII que en el XVII, y más científica y técnica en el actual que en todos los anteriores. En segundo lugar está la estructura social y económica de la comunidad; la organización de la educación es diferente en los pueblos agrícolas que en los industriales; en los de gran diferenciación de clases que en los socialmente homogéneos; en los de menos que en los de más recursos. En tercer término figura la organización política y administrativa de cada país; si ésta es totalitaria o democrática, unitaria o federal, centralista o autonomista, la educación responderá a esa misma estructura. Finalmente y sin que esto prejuzgue su lugar relativo, se hallan las ideas e ideales de los pensadores y educadores; por ejemplo, la educación, según el humanismo de Erasmo, es diferente de la del idealismo de Pestalozzi; el historicismo de Dilthey, del pragmatismo de Dewey, y cada uno de estos tipos o ideales da el sello espiritual a la educación de su tiempo.

Pero aparte de estos factores generales, que constituyen como la atmósfera o clima cultural de la educación, hay otros agentes que ejercen una influencia más directa e inmediata sobre la educación pública de cada pueblo. En este sentido se halla ante todo el Estado en su totalidad y sus órganos de acción, el Parlamento con sus leyes, el Gobierno con sus decretos, el Ministerio de Educación con sus órdenes y reglamentos. En 1774 decía ya Montesquieu recordando sin duda a Aristóteles: "*Les lois de l'éducation doivent être relatives aux principes du gouvernement.*" Aquí intervienen también de un modo decisivo el juego de los partidos políticos, cada uno de los cuales, en los países democráticos, se entiende, tiene su política pedagógica, su programa de educación que trata de llegar a realizar cuando están en el gobierno o de propagar su ideas cuando se hallan en la oposición. Al mismo orden de influencias pertenecen las organizaciones gremiales, profesionales, eclesiásticas, técnicas, científicas, que llevan a la educación pública sus problemas y aspiraciones, tratándose de introducirlas en la realidad nacional. Un papel muy importante desempeña en este campo la prensa diaria, cada vez más preocupada por los problemas de la educación y que en algunos momentos sirve de pauta, con sus campañas e informaciones, a la gestión gubernamental. Asimismo hay que contar con la acción de las organizaciones juveniles y estudiantiles, que muchas veces influyen de un modo decisivo en los actos de gobierno. Finalmente, *last but not least*, aparece la acción del magisterio y del profesorado, tanto individual como colectivamente, que con sus actitudes, trabajos y campañas, cuando son bien llevadas, señalan el rumbo a los políticos y autoridades para la solución de los problemas pedagógicos.

Todo esto nos revela claramente que la educación actual no está constituida por un factor único decisivo, Iglesia o Estado, como en otros tiempos, sino que es un gran complejo integrado por múltiples influencias. Así ha surgido una gran variedad de tipos nacionales de educación, cada uno de los cuales tiene su personalidad propia, sin que pueda decirse que uno de ellos sea superior a los demás, como creía el racionalismo del siglo XVIIII al realizar un solo tipo de educación. Así se podría intentar una caracterología de los sistemas pedagógicos nacionales diferenciando, por ejemplo, el tipo intelectual y literario de la educación de los pueblos latinos e hispanoamericanos; el tipo pragmático y técnico de la educación norteamericana; el empírico y vital de la inglesa; el científico de la alemana anterior a los nazis, etc. Así también cabría ensayar una clasificación de la educación pública conforme a los diversos tipos de organización, por ejemplo, según su estructura totalitaria, de monopolio docente, como la educación napoleónica del siglo pasado, o la alemana y la rusa del nuestro, en las que no existe prácticamente la enseñanza privada, como no existía en la espartana de hace veinticinco siglos o en las concepciones platónica y fichteana de la educación.[15] Otro tipo de educación es la organización estatal, centralista, pero sin monopolio del Estado, como la de los países latinos europeos y americanos, dentro de la cual se halla también la estructura estatal, pero con autonomía provincial o local de los Estados Unidos y la Argentina, y finalmente el tipo de organización estatal mínima y de gran desarrollo social y local de Inglaterra.

Estos tipos de educación pública y otros más que pudieran señalarse contienen problemas internos de gran interés como los que se refieren a las relaciones

15 Aristóteles, en quien tanto se han inspirado los clericales adversarios de la educación pública, dice a este respecto en el libro VII de su *Política*: "Y puesto que uno solo es el fin de la sociedad política entera, es manifiesta la necesidad de que la educación sea una sola e idéntica para todos, y que su cuidado sea asignado al Estado y no a los particulares, como ocurre ahora en que cada cual cuida privadamente de sus hijos y les da la enseñanza que cree mejor."

de la Iglesia y el Estado en materias de educación: a la enseñanza confesional y extraconfesional, al laicismo y al multiconfesionalismo. Otros problemas afectan a la función inspectora y controladora del Estado respecto a la enseñanza particular con sus exigencias mínimas respecto a la concesión de grados, exámenes, etc., al problema de las minorías raciales y religiosas, al de la inmigración y su incorporación a la vida nacional por medio de la educación; al cumplimiento de la obligación escolar, al acceso a la enseñanza media y superior, a la creación de escuelas, colegios y universidades, a la preparación del magisterio y el profesorado, al sostenimiento de la enseñanza y a mil problemas más que sólo pueden resolverse en cada momento y en cada pueblo.

Pero si bien es cierto que existe esa condicionalidad nacional histórica de la educación, que hay que tener siempre en cuenta, no lo es menos que por encima de las circunstancias geográficas e históricas hay en la educación principios e ideas generales que son decisivos para la solución de los problemas particulares. A la "pedagogía política" correspondería el estudio de esos principios e ideas para orientar la solución de los problemas concretos que afectan a la "política pedagógica". Nada más, pero nada menos.

2. La libertad de enseñanza y el intervencionismo del Estado

En nuestros días ha vuelto a surgir un problema que agitó profundamente la vida pública del siglo XIX en todo el mundo: el problema de la libertad de enseñanza y de su control o monopolio por el Estado. Aunque las circunstancias actuales son muy diferentes, la reaparición de aquél en determinadas zonas geográficas revela que a pesar de las posiciones conquistadas desde entonces no fue resuelto totalmente. Pues en el fondo se trata aquí de la cuestión más amplia respecto al papel que el individuo y el Estado han de desempeñar en la vida social y nacional, cuestión que tampoco aparece enteramente resuelta en los actuales momentos.

Históricamente, aquel problema nació, como toda la instrucción pública moderna, de la Revolución Francesa, la cual proclamó, con Mirabeau y Talleyrand, el principio de la libertad de enseñanza como reacción contra el monopolio ejercido por las instituciones eclesiásticas hasta aquel momento. Pero a medida que la Revolución fue desarrollándose, se acentuó el intervencionismo del Estado hasta acabar en el monopolio totalitario de la "Universidad imperial" napoleónica.

El pasado siglo ha sido el campo de lucha entre el principio intervencionista estatal y el de la libertad de enseñanza. Por una paradoja muy singular, ésta la defendieron los políticos más reaccionarios de la época, mientras que aquél lo fue por los hombres liberales del tipo de Guizot, Ferry, Horace Mann, Gladstone, Sarmiento, Mitre, etc. Al fin la victoria la obtuvo el Estado, y la enseñanza pública, la enseñanza del Estado quedó establecida en todas partes, pero dejando siempre un amplio margen de libertad.

En nuestro tiempo ha vuelto a plantearse, como se ha dicho, el problema, debido a las tendencias totalitarias de algunos Estados. Éstas se desarrollaron principalmente con la ideología nacionalsocialista alemana, que en cierto modo había sido precedida por la filosofía y la pedagogía estatales de Hegel y Fichte, quienes, sin embargo, no vieron en la estatificación de la enseñanza la total desaparición de la iniciativa personal, sino sólo su subordinación a la acción del Estado. Hegel, por ejemplo, habla en su *Filosofía del derecho* del "derecho del niño" a ser educado, junto al deber y al derecho a educar del Estado. Y Fichte, después de asentar en sus *Discursos a la nación alemana* los fundamentos de una rigurosa educación estatal, reconoce la necesidad del concurso de los particulares para los ensayos de carácter pedagógico como estímulo e incentivo para aquélla. En el mismo sentido, y aun con mayor amplitud liberal, han hablado otros pedagogos como Schleiermacher y Dilthey.

Frente a estas limitaciones y restricciones al intervencionismo del Estado, los países totalitarios han acentuado, como es sabido, el poder omnímodo de aquél, hasta llegar a la desaparición de toda enseñanza privada. Ahora bien, como esta tendencia monopolizadora no ha desaparecido enteramente, como podría esperarse, con la derrota de los pueblos del eje, sino que cada día aparece aquí y allá con otros nombres y hasta con denominaciones democráticas, no estará de más tratar de poner las cosas en claro.

Es evidente que la solución a este viejo problema no puede estar ya en la vuelta a la pura iniciativa particular, a la mera enseñanza privada. De una parte, porque el Estado no sólo tiene un perfecto derecho a la educación de sus ciudadanos, sino que está también obligado a hacerlo, si quiere mantener la unidad espiritual de sus miembros. Y de otra parte, por la imposibilidad en que se halla la iniciativa privada de atender a la educación general del pueblo en vista de los enormes gastos y de la compleja administración que supone. De aquí que no haya hoy ningún país en el mundo que no cuente con un sistema de educación organizada o controlada estatalmente en una u otra forma.

Las dificultades comienzan al tratar de señalar los límites de la intervención del Estado en la educación, la cual reviste hoy gran variedad de modalidades según la constitución política y social de los diversos pueblos, y que van desde el monopolio completo de la Unión Soviética a la mera orientación pedagógica de la Gran Bretaña. En realidad, no se puede hablar aquí de una posible solución única conforme a un principio racional absoluto, sino de soluciones diferentes, condicionadas históricamente. Pero no obstante esta diversidad, pueden hacerse algunas consideraciones generales basadas en la naturaleza del Estado y de la educación, que también han de tenerse en cuenta junto a aquéllas de carácter histórico.

Que el Estado debe reconocer dentro de sus instituciones docentes la libertad individual y respetar las ideas y creencias de sus miembros es un hecho reconocido hoy en todos los Estados democráticos, como uno de los derechos fundamentales del hombre y del ciudadano. Ello implica la no imposición por el Estado de un dogma o de una doctrina política determinados, o al menos la liberación de todos los que no estén conformes con ellos. Asimismo supone la libre discusión en su enseñanza de todos los problemas por parte de los educadores y los educandos siempre con la máxima objetividad posible.

Un derecho reconocido también hoy en todos los Estados democráticos es la libertad concedida a la iniciativa privada para la creación y sostenimiento de instituciones educativas, dentro, naturalmente, de las leyes generales del Estado. Tal es el verdadero principio de la libertad de enseñanza que apenas nadie discute ya. La discusión comienza cuando la iniciativa privada se utiliza exclusivamente para una labor de proselitismo o adoctrinamiento con seres aún no dotados de la madurez suficiente para realizar los juicios oportunos. Pero cuando se trata de una obra estrictamente educativa, nadie ni nada debe poner trabas a la iniciativa privada.

Mas para que la misma acción educativa del Estado tenga la flexibilidad y la eficacia necesarias, han de tener participación en ella los factores sociales más vitales. En primer término están las familias cuando actúan como tales, y no como meros instrumentos políticos, y después las instituciones locales, sindicales, religiosas, culturales, etc. Con ello se logra que la educación arraigue en un terreno firme y pierda el carácter abstracto y remoto que posee hoy en gran parte. Claro es que la acción de estos factores ha de quedar limitada a los aspectos generales y sociales de la educación, únicos en los que pueden disfrutar de autoridad justificada.

En cambio, el aspecto técnico, pedagógico de la enseñanza habría de quedar confiado a los expertos en materia de educación, a los maestros y profesores, como ocurre en las demás ramas de la vida pública: hacienda, salubridad, ingeniería, etc. Para ello deberían disfrutar de una amplia autonomía desde el jardín de infantes a la universidad.

El problema de la autonomía pedagógica es particularmente importante en los momentos actuales cuando se trata de acentuar la estatificación y politización de la enseñanza. Este problema fue planteado ya por Condorcet, quien para evitar ese peligro propuso que la dirección de la instrucción pública se confiara a una "Sociedad nacional de ciencias y artes", integrada por miembros de los diversos establecimientos docentes elegidos por ellos mismos. Esa autonomía se conserva hoy en principio en casi todos los países que cuentan con Consejos de Instrucción Pública encargados de asesorar a los ministros y de ejecutar ciertas funciones técnicas dando continuidad a la labor de aquéllos.

De especial interés es la autonomía reconocida a las universidades. En la hora actual nadie pone teóricamente en duda su necesidad, ya que la implica la esencia misma de la universidad. Ésta ha sido siempre, desde su nacimiento, una corporación de maestros y estudiantes, con vida y fines propios, que no eran otros más que los docentes. Tal principio ha sido reconocido históricamente en todas las cartas fundacionales que fueran otorgadas por Papas o por monarcas. Ahora mismo acaba de celebrarse el cuarto centenario de la fundación por Enrique VIII del célebre Colegio universitario *Christ Church*, de Oxford, que ha dado a Inglaterra once primeros ministros y otros tantos virreyes de la India, y que ha gozado, como los demás que constituyen aquella Universidad, de una autonomía ininterrumpida respecto a las autoridades gubernamentales, aunque siempre bajo el control del Parlamento inglés.

Pues frente a las aspiraciones y pretensiones partidistas y a las imposiciones dogmáticas, el Estado ha de garantizar la libertad individual y el respeto a las minorías en la educación pública. El Estado tiene que ser por esto neutral en las materias esencialmente controvertibles. Como dice Eduard Spranger: "Si el hablar de la neutralidad ideológica tiene un sentido, éste no puede ser otro que el de que el Estado también ha de colocarse hoy sobre el terreno de reconocer la multiplicidad de concepciones de la vida en él contenidas. La actuación de la libertad de conciencia en el Estado no es sólo mi libertad de conciencia, sino que también se conceda a la conciencia de los demás."

No se trata aquí de meros formalismos legales. Si la condición esencial de la vida espiritual es la libertad, no habrá sin ella ni educación, ni cultura, ni aun Estado mismo. Así hemos visto en la historia moderna cómo los Estados y las culturas que han vencido y sobrevivido han sido los democráticos y liberales. Aun pues desde el punto de vista nacional, la libertad y la autonomía en la enseñanza son una condición fundamental para un éxito. Sólo así se pueden desarrollar en efecto la originalidad individual y la iniciativa personal necesarias para toda gestión nacional o privada. De otro modo se cae en la homogeneidad de la masa, en la uniformidad y la rigidez de lo inerte, contra lo que prevenía ya John Stuart Mill al decir que "una educación general (total) del Estado es una pura invención para moldear a los hombres a fin de que sean exactamente iguales los unos a los otros; y como el molde en que se funden es lo que agrada al poder dominante, sea éste un monarca, un sacerdocio, una aristocracia o la mayoría de la generación existente, en proporción a su eficiencia y éxito, establece un despotismo del espíritu que lleva por tendencia natural también al del cuerpo" (*On Liberty,* 1859).

3. La educación nacional y la Revolución Francesa

La educación pública actual de todos los pueblos europeos y americanos tiene sus orígenes más o menos directos en la Revolución Francesa. La educación experimenta, en efecto, con ella un cambio radical en su desarrollo. A la educación *estatal* de la ilustración y del despotismo ilustrado, es decir a la educación del súbdito, impuesta por los príncipes y dirigida esencialmente a las clases sociales superiores, sigue la educación nacional, la educación del ciudadano, orientada hacia el individuo y la nación, y legislada por los representantes del pueblo para todas las clases sociales y especialmente la popular.

Si la educación estatal tenía sobre todo un carácter heterónomo, intelectual e instrumental, la educación nacional es ante todo autónoma, cívica y patriótica, y si aquélla se cumplía como un deber, ésta se exige como un derecho, como uno de los derechos del hombre y del ciudadano.

Antes de la Revolución Francesa se había hablado ya de la educación nacional. En efecto, La Chalotais llama a su estudio *Essai d'éducation national* (1763). Pero a pesar de esta designación su orientación se halla aún dentro del concepto de la educación estatal por apelar sobre todo al rey para su aplicación y dirigirse fundamentalmente a la educación de la burguesía.

Sólo con la Revolución Francesa puede decirse que se inicia el proceso de la educación nacional, y aunque ella no pudiera llevarse a realización, deja, sin embargo, asentadas las bases para su desarrollo ulterior. La Revolución, en efecto, apenas pudo hacer nada concreto en la realidad educativa por su corta duración –en realidad sólo unos diez años– y por las circunstancias difíciles exteriores e interiores en que se desenvolvió; pero en sus múltiples discusiones, proyectos y decretos, en su torbellino político e ideológico, se halla la médula de la educación desde un punto de vista nacional. En el gran drama de la Revolución Francesa la educación pública desempeña uno de los papeles más importantes. Cada uno de sus momentos culminantes –Constituyente, Legislativa, Convención– trata de llevar a la práctica las ideas de la educación nacional. En ese histórico momento sus figuras más destacadas –Mirabeau, Talleyrand, Condorcet, Robespierre, Danton, Lakanal– se ocupan de ella y la defienden con un entusiasmo no superado más tarde. Si sus esfuerzos no tienen pleno éxito y si cometieron errores hay que achacarlo más a las circunstancias del momento que a su falta de interés por la educación del pueblo.

En la Asamblea Constituyente la personalidad más saliente, por lo que se refiere a este objeto, es la compleja de Talleyrand. Autor de un informe y proyecto de decreto que presenta en septiembre de 1793, expone en él algunas de las ideas básicas de la Revolución. Considera, en efecto, a la educación pública como "un *poder,* puesto que abraza un orden de funciones distintas que deben actuar sin demora sobre el perfeccionamiento del cuerpo político y sobre la prosperidad general". La educación es también necesaria para la implantación de la nueva constitución política. "Es imposible estar penetrado por el espíritu de esta Constitución sin reconocer que todos los principios invocan los socorros de una instrucción nueva." Finalmente, y esto es sumamente importante, la educación es necesaria para la libertad. "Los hombres se han declarado libres; pero ¿no se sabe que la instrucción agranda sin cesar la esfera de la libertad civil y que sólo ella puede mantener la libertad política contra todas las especies del despotismo?"

Talleyrand asienta en su proyecto los principios de una educación pública basada en su carácter universal, en su espíritu de libertad y en la gratuidad de sus instituciones. El mismo espíritu liberal de Talleyrand le impide declarar obligatoria esa educación. "La nación –dice– ofrece el gran beneficio de la instrucción, pero no lo impone a nadie". Esta idea de la educación, no de la escolaridad obligatoria, característica de nuestro tiempo no podía pensarse en una época aún impregnada del liberalismo del *laissez faire*. Y así faltó casi por completo en la Revolución Francesa.

La Asamblea Constituyente no pudo discutir el proyecto de Talleyrand. De ella quedó, sin embargo, además de las ideas que se discutieron, un artículo de la Constitución de 1791, en el que se declaraba por primera vez a la educación pública un asunto nacional al decir: "Será creada y organizada una instrucción pública, común a todos los ciudadanos, gratuita respecto a las partes de la enseñanza indispensable para todos los hombres, y cuyos establecimientos serán distribuidos gradualmente en una relación combinada con la división del reino." Así quedaban asentados en la legislación algunos de los fundamentos esenciales de toda educación nacional.

En la Asamblea Legislativa la educación pública llega a su punto más alto con el proyecto de Condorcet. La sobresaliente personalidad de éste –científica, filosófica y política– representa el espíritu más comprensivo y generoso de la Revolución respecto a la educación pública. En su célebre *Rapport* define ésta al decir que su objeto es: "Ofrecer a todos los individuos de la especie humana los medios de proveer a sus necesidades, de asegurar su bienestar, de conocer y ejercer sus derechos, de comprender y cumplir sus deberes; asegurar a cada uno la facilidad de perfeccionar su industria, de capacitarse para las funciones sociales, a las que ha de ser llamado; desarrollar toda la extensión de las aptitudes que ha recibido de la naturaleza y establecer de este modo entre los ciudadanos una igualdad de hecho y dar realidad a la igualdad política reconocida por la ley." Difícilmente podrá encontrarse una mejor definición de la educación pública que ésta de Condorcet, en la que aparece el espíritu más amplio e inteligente de la Revolución. Condorcet defiende con insistencia el principio de la libertad en la educación, a la que quiere hacer independiente de los poderes públicos. Y ello por dos razones esenciales; una, por temor a que éstos traten de imponer sus ideas políticas por medio de ella a los ciudadanos, y otra, por querer fomentar el estímulo y la competencia entre la enseñanza pública y la privada. Así, dice estas sensatas palabras: "Ningún poder público debe tener la autoridad ni el crédito para impedir el desarrollo de las verdades nuevas, la enseñanza de las teorías contrarias a su política particular o a sus intereses momentáneos." Y adelantándose en mucho a su tiempo, y al actual, reconoce la autonomía de la educación, encomendando su dirección a los científicos y técnicos reunidos en una "Sociedad Nacional de Ciencias y Artes".

Condorcet es también partidario de la neutralidad religiosa en la educación pública. En este sentido es el creador de la educación laica, reconocida en la mayor parte de los sistemas nacionales de Europa y América desde el pasado siglo. Las razones que para ello alega son éstas, tan actuales: "No se puede admitir en la instrucción pública una enseñanza religiosa que destruya la igualdad de las ventajas sociales al ser rechazada por algunos de los hijos de los ciudadanos y conceda una ventaja a dogmas particulares contrarios a la libertad de opinión." Sin embargo, no se opone a la educación religiosa, sólo que la asigna, con gran sentido, a las iglesias. "La religión –dice– será enseñada en los templos por los ministros respectivos".

Por último, Condorcet defiende no sólo la gratuidad de la enseñanza, sino que, adelantándose también a su tiempo, pide la creación de becas de estudio para aquellos que sean más capaces de pasar a la educación superior.

No obstante los magníficos proyectos de Talleyrand y Condorcet, ni la Asamblea Constituyente ni la Legislativa pudieron hacer nada constructivo en la realidad de la educación pública. Ésta quedó en parte reservada a la Convención, de la cual datan, a pesar de sus tempestades, los primeros trabajos eficientes para organizar la educación francesa y las primeras creaciones permanentes de la Revolución. En medio de las contiendas exteriores, de la guerra civil y de las convulsiones internas, la Convención discutió y aprobó una serie de proyectos y reformas del mayor interés para la educación nacional. Al principio se limitaron aquéllos a la enseñanza primaria y hasta manifestaron una marcada hostilidad respecto a la superior; pero al cabo las instituciones que subsistieron de ella fueron precisamente las de este orden de la enseñanza.

El proyecto más importante discutido y aprobado por la Convención fue el de Lakanal, de 1793. En él se afirma también la libertad de enseñanza pero se establece una "Comisión Central de Instrucción", que ha sido como el germen de los futuros Ministerios de Instrucción Pública en todo el mundo. A aquélla se le encomendaba "establecer un método uniforme de enseñanza, los reglamentos generales fijando los deberes de los maestros y maestras, el régimen y disciplina de las escuelas y su administración por intermedio de las oficinas de inspección". También se denomina en él, por vez inicial, a las primeras "escuelas nacionales", nombre que habrá de dar después la vuelta al mundo. El proyecto se convirtió en ley al año siguiente, y aunque fue combatido por los exaltados como muy moderado, constituye una de las creaciones más notables de la Convención. También se debe a Lakanal una de las instituciones más importantes de ésta, y que había de desempeñar más adelante un papel trascendental en la educación francesa y en la de todo el universo: la creación de las escuelas normales para la formación del magisterio. Aunque éstas tienen su origen en los "seminarios" alemanes, su adaptación a las condiciones francesas –radicalmente opuestas al autoritarismo que engendró aquéllos– facilitó su adopción en los restantes países americanos y europeos. "En estas escuelas –decía– no son sólo las ciencias lo que se aprenderá, sino el arte de enseñar; al salir de estas escuelas, los discípulos no solamente deberán ser hombres instruidos, sino hombres capaces de instruir".

Al proyecto de Lakanal siguió el de Lepelletier de Saint-Fargeau, defendido por Robespierre, ya que su autor, aristócrata y opulento jacobino, fue asesinado por un realista antes de poder presentarlo. El proyecto es una mezcla de ideas utópicas, inspiradas en la educación espartana, y de ideas originales. En él aparece también por primera vez la idea de una educación estatal totalitaria, que Danton sintetizará en esta frase: "Los niños pertenecen a la República antes de pertenecer a la familia". Así, aquél pedía que todos los niños entre los 5 y los 11 ó 12 años "sean educados en común, a costa del Estado y reciban durante 6 ó 7 la misma educación. Todos bajo la santa ley de la igualdad recibirán los mismos vestidos, la misma comida, la misma instrucción, los mismos cuidados". El proyecto, a pesar de la defensa de Robespierre, fue desechado como utópico por la Constitución. Su lugar lo ocupó uno propuesto por Danton, creando con carácter electivo "establecimientos donde los niños serían instruidos, alojados y alimentados, y clases donde los ciudadanos que quisieran guardar los niños en su casa pudieran enviarlos".

La Convención, pasado el furor jacobino, volvió a las ideas más moderadas del proyecto de Lakanal antes indicado, convirtiéndolo en la ley de 27 brumario año II (17 de noviembre de 1794). Sin embargo, aun éste le pareció demasiado radical, y en 1795, aprobó el proyecto de Danou, que limitaba los derechos del Estado en la educación reconociendo: "la libertad de la educación doméstica, la libertad de los establecimientos particulares y la libertad de los métodos de enseñanza". Con ello volvió la Convención a los primeros tiempos liberales de la Revolución. Sin embargo, el proyecto introdujo una novedad interesante en la educación francesa; la creación de las llamadas "escuelas centrales", especie de escuelas secundarias de carácter enciclopédico, que tuvieron una precaria existencia. Estas escuelas pueden también considerarse en cierto modo como precursoras de lo que más tarde fue la enseñanza secundaria moderna, científica, realista, frente a la humanista de los gimnasios y liceos.

Es también interesante observar que la Convención, que se ocupó constantemente de la enseñanza primaria, popular, apenas ha dejado en ella una institución de carácter permanente. En cambio, tuvo mucho más efecto en las enseñanzas media y superior con sus creaciones de las Escuelas Normales, las Escuelas Centrales, la Escuela Politécnica, el Conservatorio de Artes y Oficios, el Instituto Nacional de Música, etc.

Pero hay también que reconocer que la Revolución Francesa, con todos sus defectos, limitaciones y exaltaciones, ha trazado las líneas generales de la educación nacional ulterior en sus múltiples aspectos, desde la enseñanza autoritaria y totalitaria hasta la liberal y democrática. Al propio tiempo asentó las bases de la educación primaria popular que había de edificar el siglo XIX en todo el mundo, a saber: la universalidad, la gratuidad, la obligatoriedad y el laicismo o neutralidad de la enseñanza. Lo que a ella le faltó, le faltaba también a su época; la organización de una educación realmente democrática, es decir, la facilidad u oportunidad real de una educación superior para todos, y esto había de quedar reservado a nuestro tiempo.

4. Ideas para una reforma constitucional de la educación pública[16]

Las líneas que siguen aspiran a contribuir a la solución de los problemas básicos que plantea una reforma radical de la Constitución, en lo que ésta pueda afectar a la educación pública. Como advertencia previa hemos de manifestar, sin embargo, que, a nuestro juicio, el planteamiento y ejecución de una reforma constitucional profunda no corresponde a los profesionales ni a los técnicos de una rama determinada de la vida pública. Aquélla es patrimonio exclusivo del pueblo y de sus representantes; es esencialmente una función política. Pero, si bien esto es cierto, no lo es menos que en los aspectos de la Constitución que afectan a los servicios públicos, como es la educación, ha de ser oída por los organismos constituyentes la opinión de los expertos de esos servicios y, en este caso, la de los pedagogos y educadores. Por lo menos, éstos se hallan obligados a exponer su criterio sobre los asuntos vitales que les están encomendados. En tal sentido, y como mera sugestión para un estudio de la reforma de nuestra educación pública, se presentan las siguientes indicaciones, inspiradas en un sentido ampliamente liberal y social como corresponde, creemos, al Estado de nuestro país y de nuestro tiempo.

No se nos oculta que en una Constitución no pueden incluirse todas las ideas aquí bosquejadas.

16 A título histórico reproducimos este trabajo que publicamos en la *Revista de Pedagogía* de Madrid, en 1931, antes de redactarse la Constitución de la República Española.

Todo lo que más cabría en aquélla sería una enunciación sintética de las más esenciales. Pero una Constitución necesita leyes para ser aplicadas, y estas leyes constitucionales sí pueden desarrollar las ideas pedagógicas mencionadas después. Ahora bien, sería sencillamente monstruoso tener la pretensión de que lo aquí dicho pudiera tener más alcance que el de una pura y simple sugestión. La vida de un país y las instituciones políticas de éste son de una complejidad tan grande que ni aun el hombre más genial podría por sí solo expresarlas. Y lo mismo puede decirse, aun cuando se trate de un aspecto muy particular, de la vida pedagógica. Por ello, convendría que expresaran su opinión sobre este punto las personas más autorizadas y representativas de la vida política y pedagógica de nuestro país para que puedan orientar a los futuros legisladores en materia tan esencial para la vida nacional como es la educación pública.

Entre tanto, he aquí nuestra opinión pura y simple:

1ª. La educación, en todos sus grados y manifestaciones, es una función eminentemente pública. El Estado, como representante máximo de la vida nacional, es el llamado a realizarla. Corresponde, pues, al Parlamento la legislación de la enseñanza, y a los órganos y funcionarios del Estado su dirección, inspección y administración. Por delegación de aquél pueden tener participación en el régimen de la educación pública los organismos locales, provinciales o regionales, pero reservándose siempre el Estado el control sobre las funciones de éstos y la facultad de retirar la autorización correspondiente cuando no cumplan debidamente sus fines educativos. Toda autorización de este género ha de ser concedida por el Parlamento. Tan pronto como sea posible procederá a discutir éste, para su aprobación, una ley general de enseñanza.

2ª. La educación es también una función social. De la sociedad recibe los medios económicos necesarios para su subsistencia y a su vez da a ésta los medios culturales para su vida espiritual. Las entidades y organismos sociales: familia, comunidad local, vida profesional y entidades culturales tendrán, pues, participación en la educación pública, ofreciéndole los recursos de que disponen, pero sin intervenir en la vida interna de las instituciones educativas, que corresponde exclusivamente a los representantes del Estado y a los educadores. Para facilitar la relación entre la escuela y la casa, en las instituciones de educación se crearán consejos o comités de padres, que aportarán su consejo y ayuda en cuanto al aspecto social de aquéllas se refiere. La misma relación social se establecerá con las entidades locales, profesionales y culturales existentes en cada localidad.

3ª. La educación se propone, ante todo, desarrollar al máximo la capacidad vital del ser juvenil e introducir a éste en las esferas esenciales de la cultura y de la vida de su tiempo. En este sentido, las instituciones pedagógicas pueden y deben educarle política, social, económica y religiosamente, capacitándole para participar en las actividades esenciales de la vida humana. Pero careciendo el ser juvenil de capacidad crítica suficiente, no se le deben imponer las normas o fines concretos de un partido, una clase, una profesión o una iglesia determinados. Las instituciones pedagógicas no pueden convertirse en medios de propaganda política, social o religiosa, que debe estar reservada a los adultos. Al ser juvenil le debe quedar la posibilidad de opción en todas las manifestaciones en que aparezca radicalmente dividida la opinión de los hombres.

4ª. Siendo la educación un servicio esencialmente público, la enseñanza privada sólo tiene razón de ser como medio de investigación y experimentación pedagógicas. Aunque las instituciones públicas han de disfrutar de autonomía para ensayar los nuevos principios y métodos de educación, las privadas, por la mayor libertad de sus movimientos, pueden realizar más ampliamente esas experiencias. Las instituciones de enseñanza privadas tampoco podrán servir de plataforma para la propaganda de ideas partidistas o dogmáticas. En defensa de los derechos del niño, los centros de educación no podrán ser fundados o inspirados por partidos políticos o instituciones catequistas. Sólo han de estar inspirados por fines estrictamente pedagógicos. En tal sentido, dada la falta de unanimidad de éstos, deberá respetarse la llamada libertad de enseñanza. Naturalmente, todos los centros privados estarán sometidos a la inspección del Estado para que sus fines pedagógicos no sean desvirtuados.

5ª. La educación pública ha de tener en cuenta sólo las capacidades y aptitudes del ser a educar. En este sentido todas las instituciones docentes estarán abiertas a todos los capaces, y se organizarán de suerte que exista una graduación y enlace ininterrumpidos entre ellas. La educación no tendrá, pues, en cuenta la situación económica de las familias para facilitar el acceso de los más capaces a todos los centros de educación. Estos serán desde luego gratuitos y ofrecerán becas de estudios a los alumnos especialmente dotados que no dispongan de recursos económicos. La gratuidad de la educación supone la provisión gratuita de los libros y demás instrumentos de trabajo. El sostenimiento de la educación pública correrá principalmente a cargo del Estado, quien incluirá en sus presupuestos las cantidades necesarias para ello en una proporción no menor que la asignada a los demás servicios públicos (defensa nacional, obras públicas, etc.). Pero también han de contribuir al sostenimiento de aquéllas los organismos locales, provinciales o regionales a los que se conceda alguna participación en el régimen de la enseñanza.

6ª. Respondiendo a los diversos estadios del desarrollo juvenil y a las necesidades culturales y profesionales, la educación se dividirá en tres grandes grados. La educación del primer grado comprenderá desde los cuatro a los doce años, divididos en dos ciclos: el jardín de la infancia, de los cuatro a los seis años, y la escuela básica, de los siete a los doce; ambos serán gratuitos y obligatorios para todos. La educación de segundo grado comprenderá de los trece a los dieciocho años, y se dividirá también en dos ciclos: el primero, complementario de la escuela básica, de los trece a los quince años, y como ésta gratuito y obligatorio, iniciando la formación profesional; el segundo, de los dieciséis a los dieciocho, preparatorio de la educación superior, también gratuito, pero no obligatorio y previa selección por aptitudes. Finalmente, la educación del tercer grado, a partir de los dieciocho años, para la formación científica y técnica en todo su desarrollo. Será gratuito, mas para el acceso a él se hará una rigurosa selección entre los especialmente capaces. En este tercer grado se incluyen las universidades y escuelas superiores especiales.

7ª. Para la creación de las diversas instituciones educativas, se tendrán en cuenta las siguientes consideraciones. Los jardines de infancia se crearán siempre que lo soliciten los padres de treinta niños y contribuyan los municipios a su sostenimiento. Las escuelas básicas se crearán a razón de treinta niños de matrícula en edad escolar, de seis a doce años, tendiéndose en el campo a establecerlas en los núcleos centrales o de mayor población, y a reducir, lo más posible, las escuelas unitarias, introduciéndose la graduación en todas ellas. En las poblaciones, no habrá ninguna escuela sin un mínimo de tres grados y un máximo de doce, en dos series de clases paralelas. Las escuelas de segundo grado de carácter obligatorio, para niños de trece a quince años, se crearán, en las pequeñas poblaciones, anejas a las escuelas básicas, y, en las mayores, independientemente de éstas, formando parte, con unidad de plan, de las de carácter voluntario para muchachos y muchachas de dieciséis a dieciocho años. Las instituciones de tercer grado se crearán en las mayores poblaciones, cuyos municipios contribuyan a su sostenimiento, por lo menos, con la mitad de los gastos.

8ª. Dentro de la unidad del fin general de la educación antes indicado, y de los principios y métodos de la escuela activa, comunes a todos los grados e instituciones educativas, cada uno de éstos tendrá un fin particular, propio. En los jardines de infancia predominarán las actividades físicas y artísticas (juegos, danzas, canto, construcciones, etc.). En las escuelas básicas, las materias de enseñanza se tratarán en una forma global o concentradas en grandes grupos, empleándose los métodos activos de trabajo. En las escuelas obligatorias de segundo grado, se ampliará la cultura general y se iniciará la preparación profesional para todos los alumnos, pasen o no a las escuelas de carácter voluntario. En éstas se terminará la cultura general y se dará la preparatoria para la enseñanza superior. Sólo en ellas se introducirá la especialización en tres ramas: ciencias, letras y tecnología. Finalmente, las instituciones de tercer grado tendrán la misión científica y profesional de las actuales universidades y escuelas superiores especiales.

9ª. No existiendo razones psicológicas que se opongan a la educación en común de los alumnos de uno y otro sexo, y habiendo, en cambio, importantes motivos de índole social que la aconsejan, en todas las instituciones se establecerá la coeducación de los sexos. Sólo se introducirán entre los alumnos las separaciones que aconsejen las aptitudes psicológicas y profesionales, pero éstas se realizarán indistintamente con los alumnos de uno y otro sexo. La educación en común hará también más fácil la graduación de la enseñanza y más económico su sostenimiento.

10ª. La insuficiencia del alcance de las instituciones de educación actuales, lo demuestra la existencia de las llamadas instituciones *circum* y *post* escolares. Éstas, en cuanto tengan carácter educativo, deben ser introducidas en la escuela como parte de ella, y en cuanto no lo tengan, ser incorporadas a las instituciones de asistencia social. Entre las instituciones complementarias que deben ser consideradas como elementos esenciales de la acción educativa de toda escuela figuran: los campos de juego, las cooperativas escolares, las colonias de vacaciones, los talleres y bibliotecas, las salas de guarda, el cine y la radio escolares, los cursos complementarios, los campos agrícolas, los viajes y excursiones, la orientación profesional, etc. Las cantinas o comedores y los roperos no tienen razón de ser en la escuela, si la sociedad atiende, como es su deber, a satisfacer, por medio del trabajo, las necesidades económicas de sus miembros.

11ª. La educación de los adultos, hoy casi abandonada, será debidamente atendida por medio: a) de clases para analfabetos; b) de cursos elementales de carácter general y tecnológico; c) de universidades populares, en las que no sólo se expliquen o divulguen conocimientos ya adquiridos, sino que también se realicen trabajos de investigación sobre temas sociales, económicos, históricos, científicos, etc. Los museos y monumentos artísticos, los campos de deportes, las salas de conciertos y los teatros serán puestos al servicio de la educación del pueblo, con visitas colectivas, representaciones y audiciones gratuitas, etcétera. Las sociedades y sindicatos profesionales tendrán una participación activa en la organización de estas manifestaciones culturales.

12ª. El magisterio de todos los grados de la enseñanza recibirá una preparación equivalente, dividida en dos partes: la general, que será dada en los centros educativos de segundo grado, y la técnica y profesional que será recibida en universidades y escuelas superiores especiales. La selección del magisterio para los diversos grados se hará sólo en vista de las aptitudes y aficiones de los aspirantes, reservándose el profesorado de las de tercer grado a los que mayor capacidad científica demuestren. La remuneración del personal docente de todos los grados será también equivalente, reconociéndose como únicas diferencias las que surjan del mayor rendimiento en el trabajo. En todo momento se facilitará al magisterio, ya colocado, el paso de unos grados a otros, también según sus aptitudes, aficiones y rendimiento.

13ª. Así como el aspecto político de la educación ha de quedar reservado al Parlamento, el técnico o pedagógico ha de confiarse corporativamente al magisterio de todas las instituciones. Con este fin, en cada una de ellas se crearán consejos de maestros o profesores a los que se confiará la dirección de las escuelas dentro de las normas generales señaladas por las leyes. Los maestros de todas las instituciones de una localidad, de una provincia y de una región constituyen a su vez consejos locales, provinciales y regionales, los cuales, por fin, enviarán sus representantes al Consejo pedagógico nacional, elegido directamente por aquéllos. A este Consejo nacional le corresponde la dirección técnica, pedagógica de todos los asuntos educativos, y su opinión será oída en los proyectos de ley del Parlamento. En el caso de que en éste exista representación corporativa, el magisterio de todos los grados tendrá participación en él por medio de los representantes que elija.